Toda la BIBLIA en un año PARA NIÑOS

¡50 LECCIONES DE GÉNESIS A APOCALIPSIS!

Toda la BIBLIA en un año PARA NIÑOS

¡50 LECCIONES DE GÉNESIS A APOCALIPSIS!

HOWARD ANDRUEJOL WILLY GÓMEZ

e625.com

e625.com

Toda la Biblia en un año para niños
Howard Andruejol, Willy Gómez
Publicada por especialidades625® © 2017
Dallas, Texas Estados Unidos de América.

ISBN: 978-0-9983051-2-7

Editado por: Virginia Altare
Diseño de portada e interior: Creatorstudio.net

CONTENIDO

Presentación de la serie

"La Escritura entera es inspirada por Dios y es útil"

2 Timoteo 3:16 (NBV)

Estamos muy felices de poner en tus manos esta serie de lecciones de toda la Biblia. Estudiar esta serie será un recorrido fascinante por la biblioteca de 66 tomos que te permite conocer el carácter de Dios, su obra perfecta, y sus preciosas expectativas hacia nosotros.

Hoy en día, muchas iglesias han desarrollado el hábito dañino de la lectura fragmentada del texto bíblico. Si prestas atención, notarás que tanto en las clases, grupos pequeños, predicaciones, devocionales o planes de lectura diaria, por lo general se leen porciones aisladas de la Biblia. En sí, no es que esto esté mal, sino que genera el hábito de solamente leerla así lo cual invita a los textos sueltos como snacks o incluso como si fueran frases de un horóscopo. En cambio, profundizar en una historia completa y detenernos a observar los detalles para su aplicación nos ayuda a que luego tengamos la seguridad de que estamos entendiendo mejor esos textos sueltos.

Haz el ejercicio. Pregúntale a 10 cristianos, de cualquier edad, algo tan sencillo como "¿De qué se trata la Biblia?", y obtendrás 12 respuestas diferentes. Pídeles que te expliquen cómo se relaciona el Antiguo y el Nuevo Testamento, y posiblemente algunos comenzarán a titubear. Si quieres ir un poco más allá, diles que te expliquen de qué se trata el libro de Adbías y cómo se relaciona con el resto de la Biblia y con nosotros hoy.

Estas no pueden ser preguntas que solamente los seminaristas o pastores puedan responder. Todos los creyentes necesitamos comprenderlas y por eso este material es tan importante.

La razón es muy sencilla. Imaginemos por un momento un rompecabezas. Quizás pensemos en uno que consideraríamos difícil de armar. ¿Mil piezas? ¿Mil quinientas? Te propongo que tomemos uno de dos mil, y hagamos el siguiente experimento. Tomaré la caja del rompecabezas, y esconderé la tapa que contiene la imagen.

Te pediré que metas tu mano y de forma aleatoria tomes tan solamente diez piezas. Ahora viene la parte interesante; ¿qué tal si te pregunto que me describas cuál crees que es la figura de la tapa del rompecabezas? ¿Crees que es posible? ¡Por supuesto que no! Podrías inventar algo, pero ciertamente no vas a adivinar la figura como tal.

Hemos preguntado en muchas iglesias por todo el continente cuáles son los textos bíblicos más famosos que se conocen en todas las iglesias. Sin equivocación, en todas las ciudades donde hacemos el ejercicio, me responden los mismos 10. Sí, tan solo 10. Es decir, parece que nuestras nuevas generaciones están creciendo con solamente 10 de las 31,130 piezas del rompecabezas bíblico. Y con esas, pretendemos que tengan una imagen clara del carácter de Dios, su obra perfecta, y su expectativa hacia nosotros. Imposible. Tendrán sin lugar a dudas una imagen falsa, incompleta, distorsionada, desfigurada.

Así como es importante apreciar el fino detalle de cada pieza del rompecabezas, es indispensable ver el cuadro completo. De eso se tratan estas lecciones.

Hemos preparado este manual como un recorrido cronológico, en la medida de lo posible, de la revelación de Dios, desde Génesis a Apocalipsis. Nuestro anhelo es que, al tener un panorama de los libros bíblicos, en tus alumnos sucedan dos reacciones.

La primera, es que puedan decir "¡Ahora entiendo de qué se trata este libro!". Cada lección será efectiva en la medida en que cada uno de los participantes tenga una mejor comprensión del contenido y propósito de los tomos de la Biblia.

Como verás, ya que esta aventura está diseñada para un año de lecciones, no es posible incluir los 66 libros en 50 de ellas. Ha sido una decisión difícil comprimir, resumir u omitir. Es más, ¡estamos convencidos que solo Génesis debería tomarnos 50 semanas! Nos tranquiliza saber que estamos construyendo base sólida, y que luego seguiremos construyendo, que luego vendrán estudios específicos de libros. De allí que esperamos lo siguiente también.

En segundo lugar, al conocer mejor este cuadro general, deseamos que sean motivados a ver ahora los detalles. Si ellos pueden conectar cada libro de la Biblia con la figura completa del rompecabezas, será más fácil que haga sentido cada capítulo del mismo. Queremos formar lectores devotos del texto bíblico, estudiosos de la Palabra de Dios. Acompáñalos en este recorrido, ayúdalos a explorar la riqueza de cada pasaje. Toma el tiempo para diseñar series sobre libros específicos de la Biblia, pasaje por pasaje o biografías completas de personajes.

Además de considerar las características madurativas y contextuales de cada edad, en esta serie hemos escogido un lente con el cual ver los libros bíblicos. Con ello subrayamos los grandes temas teológicos y antropológicos de la Biblia.

Cada tomo es único y complementario. Quienes atraviesen el recorrido por estos cuatro libros, ¡ciertamente tendrán una idea clara de qué se trata la Biblia!

El tomo para niños está desarrollado alrededor de una identidad fuera de este mundo. El recorrido bíblico enfocará la revelación progresiva del carácter de Dios. ¿Quién es Él? ¿Cómo se presenta al ser humano? Conocer a Dios nos permite conocer también nuestra propia identidad: ¿Cuál es nuestra condición natural? ¿Cómo se manifiesta esta identidad en la conducta? Necesitamos ser rescatados de esta condición, siendo nuestra única esperanza Cristo Jesús. Recibirlo como Señor y Salvador nos regenera. ¿Quiénes somos ahora en Cristo? ¿Cómo se evidencia esa transformación en nuestra conducta?

El tomo para pre adolescentes se concentra en una relación incondicional y eterna. El recorrido bíblico enfocará la iniciativa de Dios para relacionarse con el ser humano. Destacará el obstáculo invencible para el hombre del pecado y la victoria definitiva de Cristo. El énfasis está en la fidelidad de Dios para con el hombre -a pesar de nuestra infidelidad-, y la cercanía que nos permite únicamente por medio de Cristo. ¿Qué caracteriza la relación de Dios con nosotros? ¿Qué debo hacer para vivir esa relación hoy?

El tomo para adolescentes enfoca las decisiones cruciales. El recorrido bíblico enfocará la expectativa de Dios, dada nuestra nueva identidad, de una vida de acuerdo a su carácter. Se estudiará la perspectiva divina para tomar decisiones correctas en cada faceta de la vida, el propósito de la santidad, y las nefastas consecuencias de la desobediencia. El evangelio no está centrado en nuestra conducta, pero dada la gracia de Dios, glorificar a Dios es nuestra mejor respuesta.

El tomo para universitarios es misional. El recorrido bíblico enfocará la misión de Dios, que busca redimir al ser humano. Se pondrá especial atención a cómo Dios ha tenido en cada momento y cumplirá hasta el fin su plan para el ser humano. La salvación está disponible para cualquier persona. Nuestra nueva identidad nos envía a explicar este evangelio a toda persona, hasta el lugar más remoto del planeta. Este es nuestro verdadero propósito de vida, vivir en misión aquí y allá, ahora.

En nuestro sitio web, www.e625.com, encontrarás material suplementario para las lecciones. Nuestro objetivo es que las conversaciones que surjan en cada lección sean teológicamente profundas y didácticamente creativas.

Por supuesto, todo esto ha sido el trabajo de un gran equipo de personas involucradas en el diseño curricular e instruccional. Al escuchar la idea, muchos amigos se sumaron con entusiasmo a este proyecto. ¡A cada uno GRACIAS por invertir en la formación bíblica de nuestras nuevas generaciones!

Llevémoslos a conocer todo el rompecabezas, a tener una imagen bíblica de la persona de Dios, a entender su plan eterno, y la respuesta que Él espera de cada uno de nosotros.

¡Aprendamos juntos!

Howard Andruejol y Lucas Leys
Editores generales.

CÓMO UTILIZAR ESTE LIBRO

La Biblia es una colección de sesenta y seis libros inspirados por Dios. Para los que creemos en Dios, la Biblia contiene los pensamientos de Dios para nuestra vida.

La Biblia es nuestra guía y fuente de sabiduría para nuestras vidas. Debemos:

- Creerla
- Honrarla
- Amarla
- Obedecerla
- Guardarla en nuestro corazón
- Predicarla
- Estudiarla

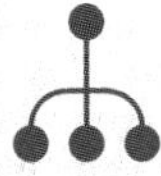

La estructura de este libro
Este libro fue diseñado pensando en ayudar a que la iglesia y los padres hagamos un equipo para enseñarle a nuestros hijos la Palabra de Dios. Es un emocionante y entretenido recorrido por cada uno de los libros de la Biblia.

El elemento esencial de este material es la pregunta. Existen más de trescientas preguntas para generar conversaciones significativas con los niños. De esta manera, les ayudaremos a entender que la Biblia es una conversación entre Dios y nosotros.

Cada lección tiene la siguiente estructura:

NOMBRE DEL LIBRO

Datos generales del libro
El concepto general del libro y el número de capítulos que contiene.

¿Quién lo escribió y qué época era?
Información acerca del autor del libro y una descripción sencilla de la época en que se escribió.

Propósito del libro
Para qué fue puesto este libro en la Biblia.

Actividad de introducción
Descripción de una actividad introductoria. Generalmente es un juego y se usa para enganchar a nuestros aprendices en la historia e introducir la conversación. El juego debe ser lo más desafiante posible. Damos una sugerencia de juego, pero tú puedes proponer tus propias ideas.

Recuerda que iniciar con un juego estimula el aprendizaje, conecta con nuestra audiencia y genera un conocimiento previo para la discusión.

Conectemos: Una pequeña recomendación de qué decir al momento de terminar el juego para saber cómo conectar con la historia. No pretende dar una charla completa, sino unas breves palabras para conectar con la conversación.

Conversación inicial:

- Es una pregunta que se lanza al grupo pequeño para que la mayoría de los integrantes del grupo hablen. Este espacio está diseñado para que se expresen. No debemos interrumpirlos sino escucharlos y generar el ambiente de confianza para que las siguientes conversaciones sean más profundas.

¿Qué aprendemos de Dios en este libro?

Una recomendación de lectura bíblica y su explicación o aplicación.

Pregunta para nosotros: Pregunta a cada integrante del grupo. Recalcamos la necesidad de que cada niño y niña hable.

Conociendo más a Dios: Un cierre de la discusión para explicar el punto de la lectura.

UNA CARACTERÍSTICA DEL CARÁCTER DE DIOS

Personajes principales
Los personajes sobresalientes de este libro.

Recomendación de versículo a memorizar:
Un versículo recomendado a memorizar durante la semana.

¿Qué otros versículos agregarías?

_________ ___________________________________

_________ ___________________________________

_________ ___________________________________

Descarga las "Lecturas y conversaciones familiares" desde: www.e625.com/lecciones

Lecturas recomendadas diarias con una pregunta asociada para que los padres puedan generar una discusión después de la lectura. Esta sección está diseñada para hacerse una vez al día entre padres e hijos. Descarga estos documentos desde nuestra web, **www.e625.com**.

Para sacar mayor provecho del tiempo de enseñanza-aprendizaje, considera estas ideas rectoras:

- **Las preguntas son tan importantes como las respuestas.** Este libro está diseñado para estudiar la Biblia el fin de semana en la iglesia o juntos en familia, basándose en la pregunta como elemento didáctico

- **No usamos crayones y hojas de trabajo.** No queremos que el estudio de la Biblia esté asociado a una clase más del colegio o la escuela. Nos propusimos a presentar actividades en donde no se usaran recursos como crayones u hojas de trabajo para forzarnos a pensar en actividades más energizantes y creativas.

- **Evitemos lo más que podamos la clase magistral.** Las personas aprendemos mejor mediante la discusión y la actividad. Diseñamos este material para minimizar el uso de la exposición magistral. Esto permitirá que más personas puedan colaborar en la enseñanza de la Biblia a nuestros niños.

- **Grupos pequeños.** Recomendamos llevar a cabo el estudio bíblico mediante grupos pequeños, de entre ocho y doce niños por grupo. Esto permitirá la conversación.

- **Muchas personas haciendo pocas cosas.** Creemos que mientras más papás involucremos en el equipo de enseñar a los niños y niñas la Biblia será mejor. Este material está diseñado para simplificar este proceso y para que más personas puedan involucrarse en la enseñanza.

ANTIGUO TESTAMENTO

Toda la
BIBLIA
en un año
PARA
NIÑOS

Lección 1 > GÉNESIS (Primera parte)

Capítulos del 1 al 10

Datos generales del Libro

El libro de Génesis es el llamado "Libro de los Orígenes". Forma parte del Pentateuco. Posee 50 capítulos.

¿Quién lo escribió y qué época era?

No se identifica con exactitud quién es el autor del Génesis y se cree que fue Moisés quien escribió este libro. La eternidad pasada es el tiempo en donde inicia la narración de la obra de Dios y describe la creación hasta llegar al hombre y los primeros héroes de la fe.

Propósito del libro

Este libro sirve para introducir al Pentateuco (que son los primeros cinco libros de la Biblia) y por mucho tiempo fue la escritura a la que tenía acceso el pueblo de Dios. Nos explica por qué el hombre necesita ser salvado a causa del pecado. El desenlace de este libro es hasta Apocalipsis (el último libro de la Biblia).

Actividad de introducción

Cargar el Barco

Con una hoja de papel en blanco CREEMOS un barquito, el cual vamos a poner a prueba en un recipiente con agua. Cuando lo hayamos hecho, agreguemos peso al barco de papel y agitemos con una barita el agua para ver hasta dónde aguanta nuestro barco.

Conectemos: Crear cosas lleva un proceso. Hoy aprenderemos sobre la primera parte del libro de Génesis que nos muestra a Dios como creador hasta llegar a la historia de Noé y el diluvio.

Conversación inicial:

- ¿Cuánto tiempo te llevó hacer el barco? Crear cosas lleva un tiempo y un proceso. Veremos cómo Dios creó los cielos, la tierra y lo que en ella hay tomándose un tiempo y llevando un proceso.

¿Qué aprendemos de Dios en este libro?

(Génesis 1:1-31)

En Génesis se narra cómo fueron creados los cielos y la tierra, las plantas, los animales, el hombre y la mujer. La creación se da en siete días y Dios descansó el día siete. Cuando creó al ser humano se dio cuenta de que había hecho algo muy bueno.

Pregunta para nosotros: ¿Cuál fue el trabajo que más te ha costado hacer (algún video, armar un juguete, una tarea de la escuela)? ¿Qué sentiste cuando lo terminaste?

Conociendo más a Dios: A Dios le tomó siete días CREAR el mundo, pero al terminar se sintió muy satisfecho de lo que había hecho. Conocemos que Dios es nuestro creador y nos dio ese gran regalo de la CREATIVIDAD para poder hacer cosas. Cada vez que crees algo recuerda a tu Dios Creador.

DIOS ES CREADOR.

(Génesis 2, 3 y 4)

Génesis también presenta a Dios queriendo relacionarse con los humanos y cómo, a pesar de nuestras equivocaciones, Él sigue cercano a nosotros. En esta parte aparece el pecado de la humanidad cuando Adán y Eva desobedecen por la influencia de la serpiente, comiendo del fruto prohibido; entonces se dan cuenta de que han pecado y buscan esconderse de Dios. Son expulsados del jardín como muestra de que nuestra desobediencia tiene consecuencias, pero Dios nunca los deja de cuidar.

Cuando salen del Edén tienen hijos. Los primeros fueron Caín y Abel. También ellos adoraban a Dios pero Caín se enojó porque a Dios le gustó más la ofrenda que Abel presentó ¡y decidió matarlo! ¡Increíble! Dios decide castigar a Caín como consecuencia de lo que había hecho.

Pregunta para nosotros: ¿Puedes recordar alguna ocasión en donde tu desobediencia te trajo consecuencias negativas?

Conociendo más a Dios: Aunque nos equivoquemos, Dios puede perdonarnos si lo buscamos, pero a veces permite que tengamos consecuencias para que aprendamos de nuestros errores. Lo hace porque nos ama y es nuestro Padre. Nuestros papás nos corrigen porque nos aman.

DIOS ES JUSTO.
DIOS ES AMOROSO.

(Génesis 6 y 7)

Luego nos sigue narrando el Génesis que el mal se propagó en la tierra; poca gente se acordaba de Dios. Hacían lo que querían: robaban lo que los demás tenían y arruinaban el mundo que Dios había hecho. Dios vio que el mundo se había convertido en malo y decidió barrer con todo e iniciar de nuevo.

Se fijó en Noé, quien sí se acercaba a Dios. Noé tenía su esposa y tres hijos: Sem, Cam y Jafet. Dios le pidió a Noé que construyera un arca porque iba a inundar el mundo durante cuarenta días (nunca había llovido antes). Noé, ante la burla de todos los demás, decidió hacerle caso a Dios. Cuando vino la lluvia, solo Noé y su familia, junto a un par de cada especie de animales, se salvaron. Se salvaron porque obedecieron a Dios a pesar de las burlas de todos los demás.

Pregunta para nosotros: ¿Puedes recordar una ocasión en donde hayas hecho lo correcto delante de Dios a pesar de que los demás no entendían o se burlaban?

Conociendo más a Dios: A veces hacer lo correcto no es lo más popular, pero al final podemos ver que hacer lo correcto siempre es lo mejor. No siempre es inmediato y a veces nos toca esperar un poco para ver el beneficio de hacer lo bueno. Por ejemplo, cuando estudias para un examen a veces no ves el beneficio inmediato, porque dejas de ir a jugar, pero cuando ves tu buena nota entiendes que valió la pena hacer lo correcto.

DIOS ES PACIENTE.

Personajes principales
Adán y Eva: fueron los primeros humanos.
Caín y Abel: hijos de Adán y Eva.
Noé: hombre que buscaba a Dios y fue el constructor del arca.

Recomendación de versículo a memorizar:
Génesis 1:1
En el principio creó Dios los cielos y la tierra.

¿Qué otros versículos agregarías?

__________ ____
__________ ____
__________ ____

Descarga las "Lecturas y conversaciones familiares" desde: www.e625.com/lecciones

Lección 2 › GÉNESIS (Segunda parte)

Capítulos del 11 al 50

Datos generales del libro
El libro de Génesis es el llamado "Libro de los Orígenes".
Forma parte del Pentateuco.
Posee 50 capítulos.

¿Quién lo escribió y qué época era?
No se identifica con exactitud quién es el autor del Génesis y se cree que fue Moisés quien escribió este libro. La eternidad pasada es el tiempo en donde inicia la narración de la obra de Dios y describe la creación hasta llegar al hombre y los primeros héroes de la fe.

Propósito del libro
La segunda parte de este libro (del capítulo 11 al 50) nos sirve para ver los efectos de una fuerte fe en Dios y nos cuenta la historia de su pueblo.

Actividad de introducción
Adán es el papá de Caín, Abel y Set. Set es el papá de Noé. Noé es el papá de Sem, Cam, Jafet. Sem es el papá de Tera. Tera es el papá de Harán y Abraham. Abraham es el papá de Ismael, Isaac y Madián. Isaac es el papá de Jacob y Esaú. Jacob es el papá de José (el soñador) y sus once hermanos.
Con esta información respondamos las siguientes preguntas:

- ¿Quién es el bisabuelo de José?
- ¿Cómo se llaman los tataranietos de Noé?
- ¿Cómo se llaman los tíos de Noé?

Conectemos: Dios cuida de nuestras generaciones. La Biblia nos enseña que, si creemos en el Señor Jesucristo, nuestra familia y nosotros seremos salvos. En el Génesis vemos que a Dios se le conoce como Dios de Abraham, de Isaac y de Jacob.

Conversación inicial:
• ¿Quién en nuestra familia cree en Dios?

¿Qué aprendemos de Dios en este libro?

(Génesis 12:1-22:19)

Dios le habló a Abram para que dejara su patria y sus parientes, para que se fuera a una tierra que Él le iba a enseñar (o sea que no sabía a dónde iría). Le prometió que, si lo hacía, lo iba a bendecir. Él le hizo caso y se mudó. Dios lo prosperó mucho y tuvo que repartirse la tierra con su sobrino Lot.

Abram siempre le creyó a Dios, quien le había dicho que su descendencia iba a ser muy grande, como las estrellas del cielo o la arena del mar. El problema es que ya era ya viejo y no había nacido ningún hijo suyo. Pero él seguía creyendo que no hay nada imposible para Dios. Los ancianos ya no pueden tener bebés, sin embargo, nació Isaac cuando su esposa Sara y él eran viejitos. ¡Imagínense la felicidad que tenían! En eso, Dios les dijo que le ofrecieran de ofrenda a su hijo Isaac y que lo sacrificara (¡qué terrible!). Abram amaba mucho a su hijo, pero amaba más a Dios y decidió obedecer. Cuando estaba a punto de sacrificar a su hijo Dios le dijo que se detuviera. Dios estaba probando la obediencia de Abram y le cambió el nombre. Le puso una H en su nombre, por eso lo conocemos hoy como Abraham.

Pregunta para nosotros: Cuando Dios te da un regalo que esperabas mucho, ¿prefieres el regalo antes que obedecer a tus papás?

Conociendo más a Dios: No debemos dejar que los regalos que Dios nos da nos atrapen tanto que nos olvidemos de obedecer a nuestros papás o de hacer lo correcto. Por ejemplo, si por un juego de video que esperabas te comienzas a comportar de mala forma con tus papás, puede ser que lo mejor sea que te quiten ese regalo.

DIOS ES PODEROSO.

(Génesis 22 al 35)

Dios seguía siendo fiel con Isaac y estuvo con él como estuvo con su papá Abraham. Su papá le ayudó a encontrar a su esposa Rebeca. El cuidado de Dios siempre estuvo con él, de hecho, el abría pozos de agua (lo cual era muy difícil encontrar en ese tiempo) y aunque la gente de manera injusta se los quitaba, en lugar de pelear, Isaac se movía y Dios le permitía encontrar nuevos pozos. Nos dio una gran lección acerca de confiar en Dios y no aferrarnos a lo que Dios nos da.

A Isaac le nacieron dos gemelos: Esaú y Jacob. Esaú decidió venderle sus derechos de ser primer hijo (que eran muchos en esa época) a Jacob por un plato de lentejas. Creo que menospreció lo que tenía. La bendición de Dios estaba con Jacob en todo. Incluso cuando escogió a su esposa, su suegro le quiso hacer trampa dándole ganado malo para permitirle casarse con su hija. Le puso muchos obstáculos, como darle ovejas manchadas, pero por más obstáculos que le puso Dios lo bendecía en todo lo que hacía y todo le salía bien: le concedió casarse con la esposa que quería.

Pregunta para nosotros: ¿Crees que Dios puede cuidarnos a pesar de que haya personas que nos quieran dañar?

Conociendo más a Dios: Vemos en la vida de Isaac y de Jacob que Dios es quien nos cuida siempre, a pesar de que haya personas que nos quieran hacer daño.

DIOS ES CUIDADOR.

(Génesis 37 al 50)

Jacob tuvo doce hijos, los cuales representan a las doce tribus de Israel: Rubén, Simeón, Leví, Judá, Dan, Neftalí, Aser, Gad, Isacar, Zabulon, José y Benjamín. Entre ellos, José tenía un trato especial porque él y Benjamín eran hijos de Raquel, la segunda esposa de Jacob. A sus hermanos no les gustaba cómo preferían a José y planearon matarlo. Para colmo de males, José tenía muchos sueños y les contó a sus hermanos unos sueños en donde la luna y las estrellas se inclinaban ante él.

En lugar de matarlo, lo tiraron a un hoyo, lo vendieron como esclavo y fue llevado a Egipto. Allí Dios lo prospera y llega a ser el administrador de un hombre importante llamado Potifar. La esposa de Potifar quería a José, pero José sabía que eso era incorrecto y huye. Entonces lo acusan injustamente y lo envían a la cárcel (¡qué terrible e injusta situación para José!). En lugar de renegar de su situación, en la cárcel comienza a ser bendecido por Dios y llega a ser el jefe de los presos. Allí conoce al copero y al panadero del rey.

El rey estaba teniendo un sueño que solo José pudo interpretar. Esto le valió que el rey lo pusiera como segundo después de él. José hizo un gran papel manejando el gobierno. En eso, sus hermanos llegaron a Egipto para buscar comida; ellos no sabían que José vivía y menos que era el que dirigía el gobierno. José, en lugar de vengarse de sus hermanos, decidió perdonarlos y decirles que el mal que le habían querido hacer Dios lo había convertido en bien.

Pregunta para nosotros: ¿Has vivido alguna situación en donde necesitas perdonar a alguien que te hizo algún daño?

Conociendo más a Dios: Dios nos cuida incluso cuando los demás quieren hacernos daño y lo mejor que podemos hacer es decidir perdonar. A veces es necesario separarnos un tiempo, pero que eso no haga que la amargura se quede en tu corazón.

DIOS ES PERDONADOR.

Personajes principales
Abraham: padre de la fe.
Isaac: hijo de Abraham y papá de Jacob y Esaú.
Jacob: papá de las doce tribus de Israel.
José: el que soñaba, hijo de Jacob.

Recomendación de versículo a memorizar:
Génesis 45:5b
Dios me envió aquí antes que a ustedes para preservarnos la vida y la de nuestras familias.

¿Qué otros versículos agregarías?

__________ ______________________________________
__________ ______________________________________
__________ ______________________________________

Descarga las "Lecturas y conversaciones familiares" desde:
www.e625.com/lecciones

Lección 3 › ÉXODO

Datos generales del libro
Es llamado "el gran escape".
Forma parte del Pentateuco.
Posee 40 capítulos.

¿Quién lo escribió y qué época era?
Al igual que el Génesis, se cree que el escritor de este libro es Moisés. Se escribe en el período en donde el Imperio Egipcio era grande, gobernado por Faraones quienes eran la máxima autoridad. Se redacta aproximadamente en los años 1500 y 1400 a.C.

Propósito del libro
El libro es la continuidad del Génesis y narra la liberación de Israel del cautiverio de Egipto, mostrando cómo Dios cuida de su pueblo de una manera sobrenatural. El pueblo de Israel es dirigido al desierto en donde aprenden a conocer a Dios más de cerca.

Actividad de introducción
En el salón o en un área exterior marcaremos un punto de inicio y un punto final bien separados. El juego consiste en tratar de llegar desde punto inicial hasta el final mientras que otros compañeros tratan de impedirlo. Si nos tocan debemos regresar al punto inicial e intentarlo de nuevo. La dificultad está en que solo nos podemos mover con las piernas juntas, es decir, saltando o caminando muy despacio. Un grupo debe tratar de pararnos y otro grupo es el que avanzará.

Conectemos: ¿Se dan cuenta lo difícil que es llegar de un punto a otro cuando hay gente impidiéndolo? De esa manera Faraón quiso impedir al pueblo de Israel salir de Egipto. Para colmo de males, se toparon con el Mar Rojo enfrente.

Conversación inicial:
•¿Qué creen que pensó el pueblo de Israel cuando se topó con el Mar Rojo enfrente mientras huían y los egipcios los perseguían? ¿Qué hubiesen hecho en su lugar?

¿Qué aprendemos de Dios en este libro?

(Éxodo 1:1 al 12:36)

En el Éxodo se narra cómo el pueblo de Israel sufría como esclavo del pueblo egipcio. Los egipcios no querían que los israelitas se liberaran así que mandaron a matar a todos los niños varones israelitas. La mamá de Moisés lo escondió y lo dejó en el río dentro de una canasta rogándole a Dios que alguien lo rescatara. Casualmente la hija de Faraón lo rescató y lo crió como su hijo.

Cuando Moisés creció le molestaba que trataran mal a los israelitas, a tal punto que discutió muy fuerte con alguien que estaba maltratando a uno y lo mató. Tuvo que salir huyendo, pero allí Dios le dijo que tenía que liberar a su pueblo. Moisés no quería ir porque no se sentía preparado, tenía miedo y decía que no hablaba bien. Puso muchas excusas para no ir pero Dios le dijo: "Yo te hice y sé todo sobre ti". Le prometió ayudarlo en todo, entonces al final Moisés aceptó el desafío.

Faraón no quería liberar a Israel pero Dios mandó diez plagas para que los dejara ir. Dios le dijo a Moisés que iba a hacer una última advertencia. La última de las plagas fue la más dura porque murieron los hijos mayores de los egipcios, incluyendo el hijo del Faraón. Al final el Faraón los dejó ir.

Pregunta para nosotros: ¿Alguna vez te has sentido incapaz o con poca capacidad para hacer una actividad que quieres hacer?

Conociendo más a Dios: Dios es nuestro libertador. Muchas veces nos quiere liberar de nuestros miedos y de las cosas que nos hacen pensar que no podemos. Lo bueno es que Dios nos ayuda a pesar de nuestras limitaciones y muestra su poder en ellas.

DIOS ES LIBERTADOR.
DIOS ES TODOPODEROSO.
DIOS ES NUESTRA CONFIANZA.

(Éxodo 14:15-15:21)

Después de dejarlos ir, el Faraón comenzó a arrepentirse porque había perdido a sus esclavos. Los persiguió con caballos y tropas; eran como seiscientos de sus mejores carros.

Los israelitas, al ver que los perseguían los egipcios, se asustaron mucho y se quejaron con Moisés. Le dijeron: "¿Nos has traído para que muramos en el desierto?". Moisés no tenía miedo porque una columna de fuego los cubría de noche y una nube los guiaba de día. Al llegar a la orilla del mar, ya cuando no había escapatoria, Dios le dijo que usara lo que tenía en su mano (una vara) y que la levantara. Cuando Moisés lo hizo, el mar que tenía enfrente se abrió. Los israelitas pasaron y cuando los egipcios los persiguieron el mar se cerró de nuevo y los aplastó. Dios los liberó.

Pregunta para nosotros: ¿Has tenido situaciones en donde crees que no tienes salida?

Conociendo más a Dios: En la vida nos vamos a enfrentar a muchas situaciones en donde parece que no hay salida. Ese es el momento de confiar en Dios y hacer lo que está de nuestra parte. Dios hará lo que nosotros ya no podamos hacer.

DIOS ES MILAGROSO.
DIOS ES QUIEN NOS RESCATA.

(Éxodo 20)

Dios quería darle nuevas reglas al pueblo de Israel, que había crecido como esclavo en Egipto. Ahora había que ayudarlos a tener su propia Ley y a que se quitaran lo aprendido en la esclavitud. Moisés subió a un monte a buscar a Dios y el Señor le dio leyes para que obedecieran. Éstas estaban escritas en piedras grandes. Las leyes fueron:

1. Yo soy el Señor tu Dios. Yo te saqué de Egipto, del país donde eras esclavo. No tengas otros dioses además de mí.
2. No te hagas ningún ídolo.
3. No uses el nombre del Señor tu Dios en falso.
4. El día séptimo será un día de reposo para honrar al Señor tu Dios.
5. Honra a tu padre y a tu madre, para que disfrutes de una larga vida en la tierra que te da el Señor tu Dios.
6. No mates.

7. No cometas adulterio.
8. No robes.
9. No des falso testimonio en contra de tu prójimo.
10. No codicies la casa de tu prójimo.

No solo les dio mandamientos sino que les dijo cómo quería que lo adoraran. Quería que construyeran una tienda especial: un tabernáculo. Les dio instrucciones detalladas de los utensilios y de lo que debía contener.
Al pueblo de Israel le costaba obedecer a Dios y constantemente estaban murmurando y recordando su vida en Egipto.

Pregunta para nosotros: ¿Cuál de los diez mandamientos te cuesta más obedecer?

Conociendo más a Dios: Dios hizo los mandamientos no para su beneficio sino para el nuestro. Vivir estos mandamientos nos permiten vivir una buena vida. Por ejemplo, la mentira nos daña más a nosotros porque para poder cubrirla tenemos que mentir más y resultado final termina siendo un desastre.

DIOS ES BUENO.
DIOS ES SANTO.

Personajes principales
Moisés: el libertador de la esclavitud de Israel.
Aarón: hermano de Moisés.
Faraón: el que tenía oprimido a los israelitas.
Josué: asistente de Moisés.

Recomendación de versículo a memorizar:
Éxodo 20:12

Honra a tu padre y a tu madre, para que tengas una vida larga y buena en la tierra que el SEÑOR tu Dios te da.

¿Qué otros versículos agregarías?

_________ ____________________________________
_________ ____________________________________
_________ ____________________________________

Descarga las "Lecturas y conversaciones familiares" desde:
www.e625.com/lecciones

Lección 4 › LEVÍTICO, NÚMEROS Y DEUTERONOMIO

Datos generales de los libros
El nombre del libro de Levítico viene de la palabra Leutikon que quiere decir "Asunto de los levitas".
Números describe la historia de Israel en casi treinta y nueve años de dar vueltas en el desierto.
Deuteronomio explica la ley de Moisés.
Forman parte del Pentateuco.
Levítico posee 27 capítulos, Números 36 y Deuteronomio 34.

¿Quién los escribió y qué época era?
A estos libros, como a los demás del Pentateuco, parece haberlos escrito Moisés en el año 1445 a.C.

Propósito de los libros
La idea del libro de Levítico era darles instrucciones a los sacerdotes sobre cómo guiar al pueblo en adoración a Dios. Además, su objetivo es que el pueblo sea instruido en cómo llevar una vida santa.
Números tiene como propósito contar la historia del pueblo de Israel y su travesía por el desierto, mientras que Deuteronomio es dejado para explicar con mayor profundidad la ley de Moisés a una nueva generación.

Actividad de introducción
Juguemos al "escondite". Cuenta hasta veinte y alguien va a esconder un racimo de uvas (real, de plástico o dibujado). Entre todos los que estemos presentes, vamos a buscar este ramo de uvas hasta encontrarlo. Observemos qué actitud tenemos cada uno durante el juego.

Conectemos: Moisés envió a unos espías a ver cómo era la tierra prometida. Unos venían con una actitud de miedo al ver gigantes y muchos problemas. Pero dos de los espías venían con una actitud de esperanza y con un gran racimo de uvas y otras frutas.

Conversación inicial:
•Cuando tienes un reto importante, ¿piensas más en los problemas que enfrentarás o en los beneficios que tendrás?

¿Qué aprendemos de Dios en estos libros?

(Levítico 1:1 – 7:38)

El libro de Levítico explica cómo los israelitas podían presentar ofrendas para ser aceptados por Dios y vivir una vida en santidad. Jesús vino a presentarse como la gran ofrenda para Dios para que nosotros podamos tener una relación directa con nuestro Padre. Los israelitas tenían varios tipos de ofrenda, cada una con un propósito específico y un significado para sus vidas.

Las ofrendas eran para perdonar los pecados, por agradecimiento, por la paz, etc. Dios no quería enfocarse en las ofrendas en sí, sino en la actitud con la que lo hacían.

Pregunta para nosotros: ¿Cómo podemos mostrar nuestro agradecimiento a Dios hoy?

Conociendo más a Dios: La gran ofrenda por nuestros pecados y por nuestra paz es Jesús. A Dios no le interesa nuestros sacrificios u ofrendas si no se hacen con la actitud correcta. Dios lo que ve es nuestro corazón. Jesús vio a una mujer que dio dos centavos y dijo que había dado más que los ricos que habían dado mucho dinero en la ofrenda. Eso es porque la mujer de los dos centavos dio con una mejor actitud que los otros. Dio todo lo que tenía. Dios quiere de ofrenda nuestro corazón, con una buena actitud.

DIOS ES SANTO.

(Números 22:21-31)

Dios cuida siempre a su pueblo. Había un rey que se llamaba Balán, a quien Dios escuchaba. Algunos de los reyes que estaban en el camino por el que iba pasando el pueblo de Israel se asustaron y fueron a hablarle a Balán para que maldijera a los israelitas. Balán no sabía mucho de ellos, pero decidió preguntarle a Dios. Dios le dijo que no los maldijera y que Él le diría qué hacer.

Balán agarró una burra y emprendió su viaje (sin preguntarle a Dios qué quería). Dios mandó un ángel para advertirle y decirle qué hacer. Como Balán no se detenía a preguntarle a Dios, el ángel hizo que la burra hablara para que Balán se detuviera. De hecho, el ángel le dijo que si la burra no le habla y lo detiene, se habría ido a dar con su espada y hubiese muerto. ¡A veces Dios usa hasta burros para hablarnos!

Pregunta para nosotros: ¿Le preguntamos a Dios antes de iniciar un día o sólo salimos sin preguntarle a Dios qué quiere que hagamos?

Conociendo más a Dios: Si nosotros buscamos la dirección de Dios en lo que hacemos, Dios nos va a hablar de una u otra manera. Debemos estar atentos a escuchar a Dios porque puede hablarnos de diferentes formas. A veces a través de algo que nos detiene, a veces a través de nuestros padres, a veces a través de su Palabra o a veces a través de un burrito.

DIOS ES PACIENTE.
DIOS NOS HABLA.

(Deuteronomio 30:19 -20)

Moisés, antes de morir, quería dejarle claro al pueblo de Israel que debían buscar a Dios y ser generosos entre ellos. Siempre tenemos la elección entre hacer el bien y hacer el mal, entre la bendición y la maldición. Es nuestra elección escoger sabiamente. Moisés les dijo: "Invoco a los cielos y a la tierra por testigos de que he puesto delante de ti la vida o la muerte, la bendición o la maldición. ¡Ojalá optases por la vida para que tú y tus hijos puedan vivir! Ama al SEÑOR tu Dios, obedécele y aférrate a él, porque él es vida para ti y prolongación de tus días. Así podrás vivir con seguridad en la tierra que el SEÑOR prometió a tus antepasados Abraham, Isaac y Jacob".

Pregunta para nosotros: ¿Qué escoges? ¿La bendición o la maldición?

Conociendo más a Dios: Todos los días tenemos que tomar decisiones entre lo bueno o lo malo. Debemos conocer más a Dios a través de su Palabra para aprender cada vez más a hacer lo bueno y escoger la bendición de Dios.

DIOS ES QUIEN ME BENDICE.

Personajes principales
Moisés: el líder que hablaba con Dios.
Josué: el asistente y a quien Moisés le deja el liderazgo.
Aarón: el hermano de Moisés.
Balán: obedeció a Dios, aunque sea de mala gana.

Recomendación de versículo a memorizar:
Deuteronomio 6:4-5

Oye Israel: el SEÑOR nuestro Dios es nuestro único SEÑOR. Ámalo con toda tu capacidad mental, con todo lo que eres y con todo lo que vales.

¿Qué otros versículos agregarías?

__________ ______________________________________

__________ ______________________________________

__________ ______________________________________

Descarga las "Lecturas y conversaciones familiares" desde: www.e625.com/lecciones

Lección 5 › JOSUÉ

Datos generales del libro
Valiente guerrero de Dios.
El libro narra la conquista de Canaán.
Posee 24 capítulos.

¿Quién lo escribió y qué época era?
Muy probablemente el escritor fue Josué. Algunos dicen que lo terminó algún asistente. Puede haber sido escrito entre el 1405 y 1385 a.C.

Propósito del libro
Es el primero de los libros históricos. Aquí se narra las hazañas de Josué para conquistar la tierra prometida. Josué quiere decir "El Señor es salvación".

Actividad de introducción
Con varias hojas de papel construiremos la muralla más alta que podamos. Usemos nuestra creatividad para hacerlo. Tenemos un límite de tiempo de cinco minutos. Al terminar intenta derribarla solo con tus gritos.

Conectemos: Dios mandó a Josué a dar siete vueltas para derribar las murallas de Jericó y le dijo que lo hiciera con alabanza y gritos.

Conversación inicial:
• Este es un ejemplo de cómo el poder de la alabanza puede derribar murallas o barreras. ¡Qué delicioso se siente gritar libremente! :)

¿Qué aprendemos de Dios en este libro?

(Josué 5:13)

Josué se preparó para conquistar Jericó. Mandó a unos espías y una mujer llamada Rahab los ayudó escondiéndolos y luego dándoles una forma de escapar porque los habían descubierto. Solo les pidió que la salvaran cuando invadieran la ciudad. Es interesante que esta mujer aparece en el árbol genealógico de Jesús.

El Señor le dijo a Josué que acamparan afuera de Jericó y que dieran vueltas durante seis días sólo caminando. Al séptimo día deberían marchar siete veces alrededor de la ciudad tocando sus trompetas y cuando la trompeta hiciera un toque largo, Josué debía ordenar al pueblo que grite y entonces los muros de la ciudad caerían. Por descabellada que parecía la orden, Josué obedeció y las murallas cayeron.

Pregunta para nosotros: ¿Con qué actitud crees que gritaron? ¿Lo hicieron con fuerza y con mucha alegría, o sin ganas y enojados? ¿Con qué actitud cantas a Dios?

Conociendo más a Dios: Muchas veces no entendemos el poder de alabar a Dios. A veces, no parece tener mucho sentido cantarle a alguien que no vemos pero, si lo piensas, nuestra alabanza tiene una similitud con los gritos de Jericó. Lo que funcionó en esa estrategia no fue la fuerza del grito sino la obediencia para hacerlo.

DIOS ES CREATIVO.
DIOS ES ESTRATÉGICO.

(Josué 7)

Después de vencer en Jericó Josué pensó que todas las ciudades iban a ser más sencillas y se topó con una ciudad que se llamaba Hai. La ciudad era pequeña así que sería fácil de conquistar. El problema era que Dios le había dicho que no se llevaran nada de la ciudad y un soldado que se llamaba Acán desobedeció. Así que, aunque parecía fácil, los derrotaron. Josué se retiró le preguntó a Dios por qué los habían derrotado y Dios le hizo ver el pecado de Acán. Cuando Josué lo arregló obtuvieron la victoria y siguieron así conquistando treinta y dos reinos más. El pueblo de Josué fue un pueblo muy conquistador y victorioso.

Pregunta para nosotros: ¿Qué pasa cuando nos confiamos demasiado y pensamos que algo es muy fácil? ¿Alguna vez te has llevado una sorpresa desagradable por confiarte mucho?

Conociendo más a Dios: Por muy sencilla que se vea una tarea debemos siempre poner nuestra confianza en Dios. La Biblia dice que Dios está cerca de los humildes y lejos de los orgullosos. Mantengamos siempre una actitud de humildad.

DIOS ESTÁ CERCA DEL HUMILDE.
DIOS ESTÁ LEJOS DEL ORGULLOSO .

(Josué 23:24)

Cuando Josué llegó a viejo el pueblo de Israel ya tenía otra mentalidad: habían quedado atrás los tiempos de esclavitud en Egipto, comer solo maná o no tener nada de posesiones. Ahora tenían mucho; el problema fue que algunos comenzaron a olvidarse de Dios justamente por tener mucho. Josué les llama la atención y les dice que se acuerden de Dios y que, hagan lo que hagan, él y su casa servirían siempre al Señor.

Pregunta para nosotros: ¿Es más fácil orar a Dios cuando tenemos mucho o cuando tenemos poco?

Conociendo más a Dios: No nos olvidemos de buscar de Dios cuando la situación en nuestra familia está bien. En la vida de las familias hay momentos buenos y malos. Busquemos a Dios en todo momento.

DIOS PROVEE.
DIOS CUMPLE SUS PROMESAS.

Personajes principales
Josué: el líder conquistador.
Caleb: aun de viejo seguía conquistando.

Recomendación de versículo a memorizar:
Josué 1:9

Sí, esfuérzate y sé valiente, no temas ni desmayes, porque Jehová tu Dios estará contigo en dondequiera que vayas.

¿Qué otros versículos agregarías?

__________ ______________________________________
__________ ______________________________________
__________ ______________________________________

Descarga las "Lecturas y conversaciones familiares" desde: www.e625.com/lecciones

Lección 6 > JUECES

Datos generales de los libros
Jueces narra las historias de los líderes que Dios le dio al pueblo de Israel para preservarse.
Posee 21 capítulos.

¿Quién los escribió y qué época era?
Se asume que el escritor de Jueces fue Samuel. Se enfoca en una época en donde aún no había rey en Israel. Por ello se dice que el libro fue escrito antes de 1043 a.C., fecha que inicia el reinado de Saúl.

Propósito del libro
Jueces es el libro que describe la autoridad delegada en estos personajes ungidos por Dios, que más que reinar tienen la función de ser la voz de Dios para el pueblo. Cubre unos trescientos cincuenta años desde la conquista de Josué hasta el rey Saúl.

Actividad de introducción
Dobla una hoja de papel a la mitad ocho veces. Intenta romper esa hoja con fuerza. ¿Te parece imposible? Desdóblala hasta encontrar cuándo ya la puedes romper.

Conectemos: Hoy hablaremos de varias historias de hombres y mujeres de fe.

Conversación inicial:
¿Sabes quién es reconocido como un hombre extremadamente fuerte en la Biblia? Su historia es de desobediencia y de obediencia. Hoy la veremos.

¿Qué aprendemos de Dios en estos libros?

(Jueces 6:11-23)

Gedeón estaba sentado debajo de un roble, decepcionado porque sentía que el pueblo de Israel estaba a punto de ser conquistado de nuevo por otro pueblo llamado Madián. Mientras tanto un ángel lo observaba. El ángel le dice: "¡Dios está contigo, poderoso guerrero!". Gedeón se quedó mirándolo y le dijo: "¿Quién, yo? Yo soy el más pequeño de la tribu más pequeña".

Definitivamente Gedeón no se sentía el indicado. El ángel, por el contrario, le dijo que si Dios estaba con él, él sería el indicado. Como no se sentía capaz le pidió tres veces a Dios una señal milagrosa. Dios tuvo compasión de él y le respondió su petición.

Tanta fue la obra de Dios en Gedeón que no le permitió pelear con un ejército grande. Le dijo que escogiera solo un ejército de trescientos hombres.

Dios le dio a Gedeón una estrategia muy creativa. Le dijo que cada hombre tomara una trompeta y una antorcha encendida, cubierta con un frasco vacío. En la oscuridad, los israelitas rodearon el campamento de los enemigos. A la señal de Gedeón, él y sus hombres tocaron sus trompetas, quebraron los frascos y se pusieron a gritar. Los enemigos se asustaron mucho pensando que era un enorme ejército y Dios les dio la victoria.

Pregunta para nosotros: ¿Alguna vez has tenido temor o te has sentido pequeño para hacer una tarea? (Por ejemplo, tal vez en un campeonato, un proyecto, o al cantar en público).

Conociendo más a Dios: Dios puede usarnos a pesar de que nosotros nos sentimos débiles para hacer una tarea. Entreguémosle nuestra debilidad y pequeñez a Dios para que Él muestre su poder en eso en lo que nosotros somos pequeños.

DIOS ES MISERICORDIOSO.
DIOS ES SUFICIENTE PARA NOSOTROS.

(Jueces 13 al 23)

Sansón nació como un hombre fuerte que vivió para salvar a Israel de los filisteos. Dios le dijo a su mamá que lo debía separar para Él y que no debía dejar que le cortaran el pelo porque esa era la señal de que Sansón era de Dios.

Sansón creció fuerte pero cuando ya era joven, comenzó a confiar de su fuerza. Era capaz de destruir a un león con sus manos. Le gustaban mucho los acertijos.

Sansón se enamoró de una muchacha filistea que se llamaba Dalila. Los filisteos le dijeron a Dalila que le sacara el secreto de su fuerza. Sansón los engañaba constantemente, pero cada vez estaba más cerca de que su secreto fuera descubierto.

Dalila comenzó a molestarlo todos los días diciéndole: “Si me amas entonces me

vas a contar tu secreto". Sansón no soportó su insistencia y se lo contó. Entonces los filisteos supieron cómo vencerlo, ¡y le quitaron todo su pelo!
Capturado Sansón, sin fuerzas, fue llevado a una fiesta filistea para que todos se burlaran de él. Le sacaron los ojos. ¡Qué triste para Sansón! Pero los filisteos no se dieron cuenta de que el pelo de Sansón había comenzado a crecer. Sansón le pidió a un muchacho que lo llevara a donde estaban las columnas del templo y allí oró a Dios para que le diera fuerzas una vez más, para poder cumplir su misión de destruir a los filisteos. Empujó las columnas y destruyó el templo con todos los filisteos adentro. Lamentablemente, también Sansón murió ese día.

Pregunta para nosotros: ¿Qué harías si alguien te pide hacer algo malo para demostrarle que amas a esta persona?

Conociendo más a Dios: El problema de Sansón fue estar jugando con cosas malas, creyendo que no le iban a hacer daño. Por ejemplo, hay videos en internet que no enseñan cosas buenas y nosotros los vemos diciendo: "No me va a pasar nada". Cuidemos qué ven nuestros ojos y con quién nos juntamos.

DIOS ES MISERICORDIOSO.

Personajes principales
Otoniel: primer Juez de Israel.
Débora: única juez mujer.
Gedeón: quinto juez de Israel, derrotó a los madianitas.
Abimelec: hijo malvado de Gedeón.
Sansón: hombre fuerte dedicado a Dios.
Dalila: la mujer que engaño a Sansón.

Recomendación de versículo a memorizar:
Jueces 6:12
- Varón valiente y fuerte, Jehová está contigo.

¿Qué otros versículos agregarías?

_________ __________________________________
_________ __________________________________
_________ __________________________________

Descarga las "Lecturas y conversaciones familiares" desde: www.e625.com/lecciones

Lección 7 > 1 Y 2 SAMUEL

Datos generales de los libros
Estos libros cuentan el establecimiento de los reyes.
1 Samuel posee 31 capítulos.
2 Samuel posee 24 capítulos.

¿Quién los escribió y qué época era?
Estos libros fueron escritos por el profeta Samuel. Después de la era en donde los jueces dirigían al pueblo hablando de parte de Dios, pasamos a la era de los reyes.

Propósito de los libros
El pueblo quería que Dios le pusiera un rey como a los otros pueblos y entonces se escogen reyes empezando son Saúl y siguiendo con David. Él énfasis es el ministerio de Samuel y la vida de David.

Actividad de introducción
Usando unas bolitas de papel vamos a jugar tiro al blanco. Vamos a poner a prueba nuestra puntería. Puedes hacerlo tratando de derribar unos vasos o botellas vacías.

Conectemos: Es difícil tener puntería. Hoy vamos a hablar de varios reyes del pueblo de Israel. El rey más famoso es David quien derribó con una piedra a un gigante. ¡Imagínate qué puntería tenía! Definitivamente fue Dios quien dirigió esa piedra.

Conversación inicial:
¿Cómo crees que era la onda de David?

¿Qué aprendemos de Dios en estos libros?

(1 Samuel 15:1-16:13)

Dios había escogido a Saúl como rey pero al ver su mal comportamiento se arrepintió y designó al profeta Samuel para ir a buscar al nuevo rey. Lo fue a buscar a la casa de Isaí, un hombre que tenía siete hijos. Cuando llegó llamó al hijo mayor, el cual tenía una gran apariencia y pensó que él iba a ser el rey. El Señor le dijo a Samuel que no era él, que no se fijara en lo exterior porque Dios mira el corazón. Así pasó por el segundo y el tercero, hasta llegar al séptimo hijo.

Triste, Samuel le preguntó a Isaí si no tenía otro hijo más. Isaí le respondió que tenía un hijo muy pequeño que cuidaba las ovejas. El nombre de ese hijo era David. Lo mandaron a llamar y cuando Samuel lo vio el Señor le dijo: "Él es el ungido".

Pregunta para nosotros: ¿Te ha pasado alguna vez que haz juzgado a alguien por su apariencia y cuando lo conoces te das cuenta de que es una mejor persona (o al revés)?

Conociendo más a Dios: Dios no nos juzga por nuestras apariencias. Él ve nuestro corazón y es en base en nuestro corazón que Él nos trata. Tratemos de ver en las personas su corazón y no su apariencia.

DIOS VE MÁS ALLÁ DE LO QUE NOSOTROS VEMOS.

(1 Samuel 17:1-50)

Después de que David es ungido pasa un buen tiempo hasta que llega a ser rey. La historia más famosa de David es cuando derrota al gigante Goliat usando una piedra. En esa historia querían obligar a David a usar la armadura de Saúl, quien era muy grande. David decide no usar esa armadura y pelear como él sabía hacerlo. A partir de allí Saúl comienza a ponerse cada vez más celoso de David y empieza a perseguirlo. David en lugar de vengarse o contraatacar decide no faltarle el respeto al rey y deja que Dios se encargue de ponerlo en su lugar.

Pregunta para nosotros: ¿Cuáles son las cosas para lo que Dios te hizo bueno?

Conociendo más a Dios: Usar la armadura de otra persona significa querer actuar con las habilidades de otros. Debemos entender que hay cosas para las que no somos buenos naturalmente pero hay otras para las cuales Dios nos dio más talento. No queramos parecernos a otros solo porque son más populares. Usemos los talentos que Dios nos ha dado.

DIOS ES SABIO.

(2 Samuel 12:1-25)

Cuando David llegó a ser rey, fue un gran rey; bajo su reinado Israel estaba muy bien. Pero un día tuvo un problema: en lugar de ir a una batalla se quedó a descansar en su palacio. Vio a una mujer casada que no era su esposa y quiso quedarse con ella como esposa. Pensó que como era rey podía mandar al esposo de la muchacha a la batalla para que muriera en combate, así él se podía quedar con ella. Así pasó y el esposo de ella murió. Entonces David pudo hacerla su esposa.

David pensaba que nadie se daría cuenta y que él podía ocultar lo que había hecho. ¡Qué terrible tiempo pasó David tratando de esconder su pecado! Nada queda oculto ante los ojos de Dios.

El Señor envió al profeta Natán y le hizo ver su pecado a David. David se puso a llorar profundamente de arrepentimiento y pidió perdón al Señor. El Señor lo perdonó pero su error tuvo consecuencias y su nueva esposa perdió el hijo que estaba esperando. Nos hacemos mucho daño escondiendo un pecado delante de Dios.

Pregunta para nosotros: ¿Cómo nos sentimos cuando escondemos una travesura o pecado que hemos hecho?

Conociendo más a Dios: A pesar de equivocarnos, Dios es misericordioso y siempre nos va a perdonar si confesamos nuestro error. Pasamos mucha angustia y sufrimiento escondiendo nuestros errores. Acerquémonos a Dios y por medio de Jesús podemos pedir que nos perdone nuestros pecados.

DIOS ES QUIEN NOS PERDONA.
DIOS ES OMNISCIENTE.

Personajes principales

Elí: el sacerdote que entrenó a Samuel.
Ana: madre de Samuel.
Samuel: sacerdote y profeta.
Saúl: primer rey de Israel.
Jonatán: hijo de Saúl.
David: el más grande de los reyes de Israel.
Natán: profeta y consejero de David.

Recomendación de versículo a memorizar:

1 Samuel 3:10
- Habla, Señor, que tu siervo escucha.

¿Qué otros versículos agregarías?

__________ ______________________________________

__________ ______________________________________

__________ ______________________________________

Descarga las "Lecturas y conversaciones familiares" desde www.e625.com/lecciones.

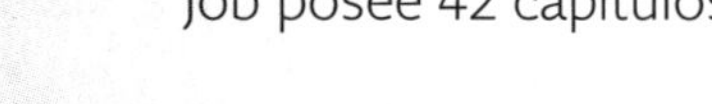

Lección 8 > JOB

Datos generales del libro
El libro tiene el nombre del personaje principal. La idea central es que aun el justo puede sufrir.
Job posee 42 capítulos.

¿Quién lo escribió y qué época era?
No se sabe con exactitud quién fue el autor y en qué época se escribió. Algunos dicen que puede ser Moisés y otros sugieren que pudo haber sido Salomón.

Propósito del libro
Mostrar que aun las personas justas pueden pasar por situaciones difíciles. Normalmente queremos encontrar razones para el sufrimiento pero a veces no hay razones y lo único que nos queda es confiar en Dios.

Actividad de introducción
Competencia de cosquillas
Imagínense que las cosquillas son como una forma de sufrimiento. Vamos a hacer una competencia de cosquillas a ver quién aguanta más.

Conectemos: A veces no aguantamos el sufrimiento y a la primera nos enojamos o nos decepcionamos y ya no queremos seguir. Job nos va a enseñar que a pesar del sufrimiento él nunca dejo de creer en Dios.

Conversación inicial:
¿Cuándo has abandonado una carrera o no has terminado un proyecto por no aguantar hasta el final?

¿Qué aprendemos de Dios en este libro?

(Job 1 a 42)

Job era un hombre justo que tenía todo: una buena familia, dinero, salud, casas y comida. Satanás dice que Job adora a Dios porque tiene todo. Dios le dice que confía en su hijo y que sabe que él lo va a seguir aunque no tenga todo.

Job pasa por un sufrimiento tan fuerte que toda su vida cambia y pierde su dinero, su salud, su familia. Lo pierde todo. A pesar del sufrimiento y de ver que sus amigos no lo ayudaban, Job se mantuvo fiel a Dios. Sus amigos buscaban acusarle de su estado, pues creían que Job había hecho algo muy malo y por eso estaba sufriendo.

Pero Job nunca deja de confiar en Dios.
Cuando pasa la prueba, Job perdona a sus amigos y ora por ellos. El Señor le devuelve todo lo que había perdido y le da el doble de lo que tenía.

Pregunta para nosotros: ¿Cuál es nuestra actitud a Dios cuando estamos pasando un tiempo difícil? Por ejemplo, puede ser no aprobar una materia en la escuela o tal vez algo más complicado, como una enfermedad o la pérdida de un ser querido.

Conociendo más a Dios: Dios es bueno y no nos va a dejar nunca, pero debemos confiar en Él en el momento de dificultad.

DIOS ES FIEL.
DIOS CREE EN NOSOTROS.

Personajes principales
Job: hombre justo, paciente en el sufrimiento.
Elifaz, Bilbad y Sofar: amigos de Job que creían que Job había hecho algo malo y por eso sufría.

Recomendación de versículo a memorizar:

Job 1:21

El SEÑOR me dio cuanto yo tenía; suyo era, y tenía derecho de llevárselo. Bendito sea el nombre del SEÑOR».

¿Qué otros versículos agregarías?

_________ _________________________________

_________ _________________________________

_________ _________________________________

Descarga las "Lecturas y conversaciones familiares" desde www.e625.com/lecciones

Lección 9 › SALMOS

Datos generales del libro
Es el libro de las alabanzas y canciones de una nación.
Posee 150 capítulos.

¿Quién lo escribió y qué época era?
Podemos identificar a más de siete compositores de las canciones. El rey David escribió por lo menos setenta y cinco salmos. Los hijos de Coré por lo menos diez y Asaf doce. Otros autores son Salomón, Moisés y Henán, entre otros.

Propósito del libro
Este libro es una recolección de las canciones de la nación de Israel. Expresa los sentimientos humanos y la adoración a Dios. Tenemos las letras de estas canciones pero no tenemos su música.

Actividad de introducción
Escribamos una canción con las siguientes palabras y luego escuchemos cómo queda. Podemos ponerle el ritmo que deseemos. Si se puede hacer en grupos, mejor.

Las palabras son:

Gracias
Amor
Jesús
Mañana
Galaxia
Sorpresa
Conectar
Impresionado

Conectemos: Es hermoso poder cantar a Dios. Al cantar podemos estar orando y hablando con nuestro Señor.

Conversación inicial:
¿Con qué tipo de canciones te gusta adorar a Dios?

¿Qué aprendemos de Dios en este libro?

Hay diferentes tipos de salmos. Algunos de los tipos de salmos son:
Salmos de consejos (1, 37 y 119).

Salmos de dolor (3, 17, 120).
Salmos de confianza (23, 90).
Salmos de realeza (2, 21, 144).
Salmos de agradecimiento (19, 32, 111).

Pregunta para nosotros: Piensa en lo más importante que te ha ocurrido esta semana (difícil o alegre). ¿Qué tipo de salmo quieres usar según el evento que escogiste?

Conociendo más a Dios: Muchas veces podemos usar los salmos para aprender a orar a Dios o para recibir un consejo de Dios para una situación específica.

DIOS ES CERCANO.

(Salmos 23)

Estudiemos el Salmo 23, uno de los salmos más famosos.

Salmo de David.
1EL SEÑOR es mi pastor, nada me falta.
2En verdes pastos me hace descansar,
y me guía junto a arroyos tranquilos.
3Me infunde nuevas fuerzas.
Me guía por sendas de justicia, por amor a su nombre.
4Aun cuando atraviese el negro valle de la muerte,
no tendré miedo, pues tú irás siempre muy junto a mí.
Tu vara de pastor y tu cayado me protegen y me dan seguridad.
5Preparas un banquete para mí,
en presencia de mis enemigos.
Me recibes como invitado tuyo,
ungiendo con perfume mi cabeza.
¡Mi copa rebosa de bendiciones!
6Tu bondad e inagotable generosidad me acompañarán toda la vida,
y después viviré en tu casa para siempre.

Pregunta para nosotros: ¿Cuál de los seis versos te gusta más?

Conociendo más a Dios: Te proponemos el reto de aprenderte el verso que escogiste. Encuentra a las personas que tienen los versos que tú no tienes y cuando las encuentres digan en voz alta como equipo todo el salmo.

DIOS ES NUESTRO PASTOR.

(Salmos 150)

Ahora estudiemos este otro salmo:

1¡Aleluya! Alaben a Dios en su santuario,
alábenlo en la enormidad del firmamento.
2Alábenlo por sus poderosas obras.
Alaben su sin igual grandeza.
3Alábenlo con sonido de trompeta,
alábenlo con el arpa y la lira.
4Alábenlo con pandero y danza,
alábenlo con cuerdas y flautas.
5Alábenlo con címbalos sonoros,
alábenlo con címbalos resonantes.
6¡Todo lo que respira alabe al SEÑOR!
¡Aleluya! ¡Alabado sea el SEÑOR!

¿Qué les parece si hacemos un ruido fuerte con lo que tengamos a nuestro alcance para alabar a Dios?

Pregunta para nosotros: ¿Por qué quieres alabar a Dios hoy?

Conociendo más a Dios: Nuestro Dios es digno de alabanza. Todos los que tenemos vida y respiramos debemos alabar a Dios y estar agradecidos por la vida, por la salud, por la comida, por su amor, por los amigos, por la familia, por tantas cosas que podemos dar gracias.

DIOS ES DIGNO DE ALABANZA.

Personajes principales
David: rey de Israel; el mayor escritor de estos salmos.

Recomendación de versículo a memorizar:

Salmos 90:1
¡Señor, tú has sido nuestro refugio en todas las generaciones!
¿Qué otros versículos agregarías?

__________ ______________________________________

__________ ______________________________________

__________ ______________________________________

Descarga las "Lecturas y conversaciones familiares" desde www.e625.com/lecciones

Lección 10 › PROVERBIOS

Datos generales del libro
Es también llamado Proverbios de Salomón.
Posee 31 capítulos.

¿Quién lo escribió y qué época era?
Probablemente lo escribió Salomón y reunió los proverbios de otros sabios. Se da en la época en la que Salomón gobernaba, antes de que su corazón se apartara de Dios.

Propósito del libro
Compartir sabiduría para tomar decisiones correctamente.

Actividad de introducción
Usando una Biblia de papel, haremos competencias para encontrar los siguientes proverbios. Quien primero lo encuentre lo leerá en voz alta.

Proverbios 19:18
Proverbios 19:8
Proverbios 18:24
Proverbios 18:21
Proverbios 18:9
Proverbios 1:7
Proverbios 21:4
Proverbios 12:15
Proverbios 13:17

Conectemos: ¡Cuánta sabiduría hay en el libro de Proverbios! Si quieres adquirir sabiduría este es un buen lugar para empezar.

Conversación inicial:
¿Qué proverbio de los que leímos puedes recordar?

¿Qué aprendemos de Dios en este libro?

La sabiduría (Proverbios 2:1-6)

Lee Proverbios 2:1 al 6 y verás que Dios quiere darnos sabiduría. El Señor es quien da la sabiduría. Si nosotros la buscamos y se la pedimos, Él nos la dará, pero esa búsqueda no puede ser simple. Debemos esforzarnos en buscarla.

Pregunta para nosotros: ¿Cómo podemos mostrarle a Dios que realmente queremos la sabiduría?

Conociendo más a Dios: Si nosotros nos esforzamos buscando la sabiduría, Él nos la va a dar. Es un objeto preciado. ¿Qué haces con algo que tiene mucho valor? Lo cuidas. Lo mismo ocurre con la sabiduría.

DIOS ES LA SABIDURÍA.

Los necios

El libro de Proverbios nos enseña que lo opuesto a las personas sabias son las personas necias, las burlonas y las perezosas. El necio es aquel que no quiere cambiar las malas conductas, de hecho, cuando alguien lo trata de corregir siempre anda buscando a quién echarle la culpa. El burlón es el que se ríe a costa del dolor o los problemas de otros. Las personas burlonas no tienen un buen fin según el libro de proverbios. Las personas perezosas no logran mucho en la vida, siempre están buscando excusas para no hacer las cosas. El trabajo honesto es bendecido por el Señor. Si quieres sabiduría aléjate de ser necio, burlón o perezoso.

Lee Proverbios 26; te dará una buena explicación de este tipo de personas.

Pregunta para nosotros: Todos luchamos para no ser alguna de estos tres tipos de personas. ¿Con cuál tipo de comportamiento (necio, burlón o perezoso) has tenido más problemas?

Conociendo más a Dios: Aunque todos podemos caer en ser necios, burlones o perezosos debemos centrarnos en buscar más de la sabiduría de Dios. Si pedimos a Dios sabiduría, Él nos la va dar. Pero debemos esforzarnos por conseguirla y cuidarla.

Si nuestros padres nos corrigen, debemos entender que lo hacen porque nos aman y quieren que aprendamos a convertirnos en personas sabias que pueden tomar buenas decisiones.

DIOS ES SABIO.
DIOS NOS CORRIGE, PERO NOS AMA.

Personajes principales
Salomón: hijo de David; llamado el rey sabio.

Recomendación de versículo a memorizar:

Proverbios 22:6

Enséñale al niño a elegir el camino correcto, y cuando sea viejo no lo abandonará.

¿Qué otros versículos agregarías?

__________ ______________________________________

__________ ______________________________________

__________ ______________________________________

Descarga las "Lecturas y conversaciones familiares" desde www.e625.com/lecciones

Lección 11 > ECLESIASTÉS Y CANTARES

Datos generales de los libros

Eclesiastés es también llamado el libro del predicador.
El Cantar de los Cantares es un libro que representa la mejor canción de las escritas por Salomón.
Eclesiastés posee 12 capítulos y Cantares 8.

¿Quién los escribió y qué época era?

Es muy probable que quien escribió estos libros fue Salomón. Fueron escritos durante el reinado del rey Salomón, quien le pidió a Dios ser sabio para poder gobernar a su pueblo.

Propósito de los libros

El propósito del libro de Eclesiastés es responder a las preguntas más desafiantes de la vida. En este libro se cuestiona lo que es realmente importante en la vida y se llega a la conclusión de que lo verdaderamente importante es nuestra relación y dependencia de Dios.
En Cantares, Salomón realiza una canción de amor.

Actividad de introducción

Usando estas siete palabras haz un poema en donde expreses amor para Jesús.

Gracias
Linterna
Patata
Pelota
Corazón
Estrella
Suma

Conectemos: Nosotros podemos expresar nuestro amor cantando a Dios. Las canciones, los poemas y el arte en general puede servir para expresar nuestro amor por Dios.

Conversación inicial:
¿Con qué tipo de arte te gustaría expresar más tu amor por Dios? (Canto, baile, escultura, escritura, películas, etc.).

¿Qué aprendemos de Dios en estos libros?

Eclesiastés

Según Salomón, toda la vida es vanidad (vacía, sin sentido) a menos que reconozcamos que viene de la mano de Dios. Dice que la fama, el éxito, los trofeos y esas cosas pueden ser vanidad si no entendemos que es Dios quien nos lo da.

Según Salomón estas son algunas de las vanidades más comunes de las personas:

Sabiduría humana (Eclesiastés 2:14-16)
Esfuerzo humano (Eclesiastés 2:18-23)
Triunfos humanos (Eclesiastés 2:26)
Rivalidad humana (Eclesiastés 4:4)
Poder humano (Eclesiastés 4:16)
Avaricia humana (Eclesiastés 5:10)
Acumulación de bienes (Eclesiastés 6:1-12)

Pregunta para nosotros: ¿Qué entiendes por vanidad y cuál crees que es la vanidad más frecuente de las personas?

Conociendo más a Dios: Dios quiere bendecirnos y nos regala triunfos, cosas y alegrías para que las disfrutemos sabiamente. El problema es cuando ponemos en primer lugar esas cosas que Dios nos regala y las usamos solo para nosotros; no entendemos que Dios nos la dio para ayudar y compartir con otros.

DIOS ES QUIEN NOS BENDICE.

Según Eclesiastés 3, hay un tiempo para todo. Tiempo para estudiar y tiempo para descansar, tiempo para comer y tiempo para jugar. Salomón está tratando de decirnos que nada puede quitarnos todo el tiempo. Por ejemplo, jugar videojuegos puede ser agradable un tiempo, pero si nos quita todo el tiempo se vuelve una obsesión y eso no agrada a Dios.

Pregunta para nosotros: ¿En qué gastas la mayor cantidad de tu tiempo?

Conociendo más a Dios: Tienes que saber manejar bien tu tiempo. Entender que hay un tiempo para todo. Aquello en lo que inviertes tu tiempo dice mucho acerca de qué va a pasar cuando crezcas.

El nadador lo invierte en nadar, el inteligente en estudiar, el perezoso… ¿en qué crees que lo invierte ?

DIOS ES NUESTRO MAYOR TRIUNFO.

Cantar de los Cantares

Cuando dos personas se aman, se escriben canciones, poemas o hacen cosas lindas por agradar al otro. Nuestro amor más grande es por Dios. El Cantar de los Cantares representa un ejemplo de cómo el amor de dos personas puede compararse con el amor que le tenemos a Dios.

Pregunta para nosotros: ¿Por qué quisieras cantarle a Dios?

Conociendo más a Dios: Cuando cantamos a Dios estamos hablando con Él de una forma musical. Cantar a Dios es una buena forma de hacer oraciones para Dios.

DIOS ES AMOR.

Personajes principales
En Eclesiastés:
El predicador: es quien escribe el libro.
En Cantar de los Cantares:
El Amado: creemos que es Salomón.
La Amada: la esposa de Salomón.

Recomendación de versículo a memorizar:

Eclesiastés 12:1a
No permitas que la alegría de la juventud haga que te olvides de tu Creador.

¿Qué otros versículos agregarías?

__________ ______________________________________
__________ ______________________________________
__________ ______________________________________

Descarga las "Lecturas y conversaciones familiares" desde www.e625.com/lecciones

Lección 12 > AMÓS

Datos generales del libro
Uno de los profetas menores del Antiguo Testamento, conocido así por la corta extensión de su libro.
Posee 9 capítulos.

¿Quién lo escribió y qué época era?
Este libro menciona al profeta Amós. A diferencia de otros, él no es parte de una familia de sacerdotes; es un granjero. Se le conoce como pastor de ovejas y alguien que se dedicaba al cultivo de higos. Escribió durante el reinado de Uzías, rey de Judá, y durante el reinado de Jeroboam segundo, rey de Israel.

Propósito del libro
Amós se concentra en los pecados que está cometiendo el pueblo. Les llama la atención y los desafía al arrepentimiento. ¡Les recuerda que hay esperanza! Pero deben dejar la injusticia. En aquella época el pueblo estaba gozando de mucha prosperidad económica pero al mismo tiempo oprimían al pobre. Esto no es reflejo del carácter de Dios.

Actividad de introducción
Preparemos un juego con globos, estilo voleibol. Formemos dos equipos y delimitemos el área de juego. Las reglas son muy sencillas: si el globo cae dentro del territorio de un equipo, es punto para el adversario. Pueden tocar el globo las veces que quieran y usar todas las partes del cuerpo. Solo hay una pequeña variante: uno de los equipos tendrá que jugar con las manos atadas detrás de la espalda; el otro equipo tendrá sus manos sueltas.

Conectemos: En esta actividad un equipo fue el claro ganador porque las condiciones eran injustas. Es muy fácil aprovecharse e incluso burlarse de aquellos que no tienen las mismas posibilidades que nosotros. En la vida diaria, podría sucedernos lo mismo con aquellos que se encuentran en situaciones menos favorables que la nuestra.

Conversación inicial:
¿Qué piensan que espera Dios de nosotros ante las personas que están sufriendo o tienen menos oportunidades que nosotros? ¿Cómo nos trata Dios a cada uno?

¿Qué aprendemos de Dios en este libro?

(Amós 1:6,7a)

Al inicio del capítulo vemos a Dios rugiendo (1:2). Esta figura del león nos hace pensar en un terrible peligro que amenaza; el león que está presto a atacar a su presa. Dios usa esta figura para alertar a su pueblo. Ellos estaban muy tranquilos pecando y Dios les advierte que deberían tener miedo. Si no se arrepienten, vendrá el castigo. Entre otros, el pueblo pecaba siendo muy cruel con los pobres. Vemos que, por ejemplo, si alguien pedía prestado dinero para comprar un par de zapatos y luego no podía pagar la deuda, los ricos se aprovechaban de él y lo vendían como esclavo. ¡No tenían compasión!

Pregunta para nosotros: ¿Cómo podemos mostrar misericordia hacia aquellos que tienen menos que nosotros?

Conociendo más a Dios: Dios espera que su pueblo se comporte como Él lo haría; es decir, ¡los hijos de Dios deben parecerse muchísimo a su padre Dios! En este libro se nos recuerda que Dios no es alguien que se aprovecha sin misericordia de los pobres; más bien quiere defender sus derechos.

DIOS ES JUSTO Y AMA LA JUSTICIA.

(Amós 1:1-15 y 2:1-5)

Amós comienza a pronunciar juicios para varias naciones. Observa cuántas de éstas se mencionan en los capítulos 1 y 2 (1:3,6,9,11,13; 2:1,4). Se mencionan varias ciudades y se dan detalles de lo severo del castigo. No podrán escapar.

Quizás muchos judíos se alegraron al leer esto porque las naciones que se mencionan eran en efecto crueles, pero además enemigas. ¡Es muy fácil alegrarse de que haya juicio y castigo para los adversarios! Es tan fácil pensar que se lo merecen porque son malos. Sin embargo, justo después de esta narración, se menciona el juicio para Israel. También se han apartado de la obediencia a Dios.

Pregunta para nosotros: ¿Qué es más fácil? ¿Juzgar a otros o juzgarnos a nosotros mismos?

Conociendo más a Dios: Dios es justo, y quiere que cada uno reconozca su pecado y se arrepienta. Debemos ayudar a otros a ver sus faltas pero principalmente debemos estar muy conscientes de las nuestras. La única esperanza que tenemos para ser perdonados no es esforzarnos más (¡siempre fallaremos!); la única esperanza está en Jesús, quien nos perdona completamente.

DIOS NOS EXAMINA Y DA UNA SOLUCIÓN A NUESTRO PROBLEMA.

(Amós 9:11-15)

Todo el libro de Amós habla acerca del juicio y castigo. ¡Pareciera que las buenas noticias nunca llegarán! Pero Dios siempre es un Dios de esperanza. Al final del libro, Amós pronuncia profecías que hacen referencia a Jesús, quien es el Mesías, descendiente de David. Dios promete que habrá restauración porque Él cumplirá lo que ha prometido.

Pregunta para nosotros: ¿Te cuesta creer que una promesa se cumplirá cuando a veces parece que está tardándose mucho?

Conociendo más a Dios: A pesar de la desobediencia de su pueblo, Dios sigue siendo su protector y proveedor. Sobre todo, sigue siendo fiel y cumplirá lo que ha prometido. Desea que su pueblo le conozca y le dé a conocer a otros también.

DIOS CUMPLE TODAS SUS PROMESAS.

Personajes principales

Amós: profeta, pastor de ovejas, agricultor.
Amasías: sacerdote que quería impedir que Amós siguiera profetizando.
Israel: el reino al que se dirige el libro.

Recomendación de versículo a memorizar:

Amós 5:24

Lo que yo quiero es que la justicia y la honradez estén presentes en todas sus acciones,

¿Qué otros versículos agregarías?

__________ ____
__________ ____
__________ ____

Descarga las "Lecturas y conversaciones familiares" desde www.e625.com/lecciones

Lección 13> ABDÍAS Y JOEL

Datos Generales del Libro
Abdías es el libro en donde Dios juzga a los enemigos de Israel.
Joel trata sobre el día del Señor.
Abdías posee 1 capítulo.
Joel Posee 3 capítulos.

¿Quién lo escribió y qué época era?
Ambos libros parecen haber sido escritos por los respectivos profetas que allí se mencionan. Abdías era probablemente de la misma época que Elías y Eliseo, mientras que se desconoce la fecha de Joel.

Propósito del Libro:
Abdías vivió en Jerusalén después de la deportación de Judá a Babilonia. Él fue el mensajero de Dios que anunció la caída de los edomitas, quienes eran los descendientes de Esaú, los que se habían gozado de la caída de Judá. Él también profetizó de un futuro cuando los judíos volverían a gobernar las tierras que estuvieron una vez bajo el control de David.

El libro de Joel está dividido en dos partes; (1) una gran calamidad causada por una invasión de langostas, y (2) la respuesta de Dios a las oraciones del pueblo. El libro contiene una profecía que se encuentra con frecuencia en los escritos de los profetas: que los judíos irían a establecer una gran nación en Palestina en el futuro.

Actividad de Introducción:
¿Quién suelta la pelota? Nos pondremos en un círculo tirando una pelota pequeña (puede ser de tenis) y la lanzaremos hacia un compañero que no esté al lado nuestro. Si la pelota cae, debemos empezar de nuevo y seguiremos la misma ruta, así que deben memorizar la ruta. Lo haremos en varios grupos de manera que competiremos para ver qué grupo lo hace más rápido.

Conectemos: ¿Quién fue al que más le costó en el juego? ¿Cómo fue la actitud del grupo hacia ellos?

Conversación inicial:
La compasión es algo que Dios recompensa, la altivez y el orgullo es algo que Dios detesta.

¿Qué aprendemos de Dios en este libro?

(Abdías 1:12)

El libro de Abdías es el más pequeño del Antiguo Testamento. Sólo tiene un capítulo, pero representa un gran mensaje. El libro se refiere a la historia de Esaú y Jacob. ¿Recuerdan? Esaú fue el que entregó su primogenitura a Jacob por un plato de lentejas. Luego Esaú siempre le guardó rencor y trató mal a Jacob. En este libro se narra como el profeta Abdías indica lo mal que le va a ir a los descendientes de Esaú por haber tratado mal a los descendientes de Jacob.

Pregunta para nosotros: ¿Alguna vez te has sentido mal porque se rieron de ti?

Conociendo más a Dios: Nunca te rías de tu hermano o alguien cercano a ti. De hecho, no debemos reírnos de nadie en forma de burla, pero menos de nuestros hermanos.

DIOS ES JUSTO

(Joel 2:13)

El Señor es lento para enojarse y lleno de amor. Cuando nuestros padres se enojan con nosotros, lo hacen porque hemos hecho algo indebido. La verdad es que no les gusta enojarse, pero lo hacen para hacernos entender que necesitamos ser castigados y no volverlo a hacer. El Señor es bueno, incluso más que nuestros padres y desea lo mejor para nosotros, aunque para ello deba regañarnos.

Imagínate que después de que hayamos hecho una gran travesura, le pidamos perdón a nuestros padres. Ellos decidan perdonarnos y aun así darnos un regalo porque nos aman…. Eso sería muy bueno ¿no? Pues algo así le estaba diciendo el profeta Joel al pueblo de Israel.

El profeta Joel le dice al pueblo de Israel que busquen pedirle perdón al Señor confiando que Dios es lento para enojarse y lleno de amor. Les dice que Dios puede cambiar de parecer, reconsidere el castigo y hasta nos dé una bendición (inmerecida).

Pregunta para nosotros: ¿Alguna vez has hecho una travesura y tus papás decidieron perdonarte?

Conociendo más a Dios: Si nuestros padres, que no son tan buenos como Dios, deciden perdonarnos. Cuanto más nuestro Señor que es extremadamente bueno, no decidirá perdonarnos cuando nos arrepentimos y le rogamos que nos perdone.

DIOS ES MISERICORDIOSO
DIOS ES LENTO PARA ENOJARSE
DIOS ES LLENO DE AMOR

Personajes principales

En el Libro de Abdías:
Edomitas: nación que viene de Esaú, juzgada por Dios.
En el Libro de Joel
Joel: profeta del pueblo de Judá en el tiempo de Joás.
El pueblo de Judá: ubicado en el reino del Sur, castigado por Dios con una plaga de langostas.

Recomendación de Versículo a Memorizar

JOEL 2:13

Rásguense el corazón
y no las vestiduras.
Vuélvanse al Señor su Dios,
porque él es bondadoso y compasivo,
lento para la ira y lleno de amor,
cambia de parecer y no castiga.

¿Qué otros versículos agregarías?

_________ ___________________________________
_________ ___________________________________
_________ ___________________________________

Descarga las "Lecturas y conversaciones familiares" desde www.e625.com/lecciones

Lección 14 > RUT

Datos generales del libro

Es una historia de amor que ocurrió en el tiempo de los Jueces.
Rut posee 4 capítulos.

¿Quién lo escribió y qué época era?

Se cree que el autor de este libro fue Samuel. Fue escrito poco antes o durante el reinado de David en Israel.

Propósito del libro

Este libro ha sido llamado uno de los mejores ejemplos de narrativas cortas que se han escrito. Cuenta una historia de fe y piedad en el período de los jueces. Narra la vida de Noemí y de su nuera Rut (quien fue ancestro del rey David y de Jesús).

Actividad de introducción

Vamos a hacer una carrera de recolección de espigas. En un salón se pondrán espigas de trigo (u objetos que las simulen) regadas al azar. El reto es tratar de conseguir la mayor cantidad de espigas con la dificultad de que sólo pueden saltar en un pie. Gana el que más espigas recoja.

Conectemos: Rut se ganó la vida recogiendo espigas en el campo de Booz, quien más adelante iba a llegar a ser su esposo.

Conversación inicial:

¿Cuán difícil crees que es recoger espigas? Cuánto tiempo crees que aguantarías haciéndolo durante el día. La Biblia dice que a Booz le asombró Rut porque se esforzaba mucho y trabajaba muy duro. Las personas se dan cuenta de cuánto te esfuerzas, aunque tú no te des cuenta.

¿Qué aprendemos de Dios en este libro?

Rut 2

A Rut se le murió su esposo y se quedó con su suegra Noemí. El dolor de Noemí era doble. Había perdido a su hijo (el esposo de Rut) y no tenía quién trabajara para darles de comer a ella y a Rut. Así que Rut decidió ir a trabajar a los campos de una persona muy rica (Booz). Cuando Booz la vio trabajar tan duro se admiró porque no solo estaba trabajando para ella, sino para su suegra, a quien no quería dejar sola. El trabajo era muy duro: debía recoger espigas todo el día bajo el sol.

Pregunta para nosotros: ¿Alguna vez te han recompensado por el esfuerzo que hiciste?

Conociendo más a Dios: Trabajar duro y ser recompensado es gratificante, pero es más gratificante cuando nuestro trabajo también sirve para ayudar a otros. Tus papás son un buen ejemplo de trabajar duro para beneficiar a otros. Sería una buena acción ir a darle un abrazo a tus papás por el esfuerzo que hacen por ti.

DIOS ES QUIEN RECOMPENSA.

Rut 3 y 4

Booz se enamoró de Rut por su esfuerzo y por cómo ayudaba a Noemí. Rut nunca se imaginó que ese esfuerzo la salvaría, porque después de sentirse sola, sin nadie que la cuidara y sin qué comer, Booz le pide que sea su esposa y se casan. Ahora Rut y Noemí vivían felices y con muchas cosas para disfrutar.

Booz y Rut tuvieron a un hijo que se llamó Obed, quien fue papá de Isaí, quien tuvo ocho hijos, el menor de ellos se llamaba David (quien llegó a ser rey). Imagínense todo lo que Dios puede recompensar el esfuerzo de una persona, aunque el momento de trabajo parezca duro y complicado.

Pregunta para nosotros: ¿Cuál crees que es la lección aprendida del libro de Rut?

Conociendo más a Dios: Cuando a veces pasamos por un tiempo difícil y complicado en donde no nos queda otra que esforzarnos para salir adelante, debemos estar seguros de que el Señor recompensará ese esfuerzo y de que podremos ver sus beneficios por mucho tiempo. Estudiar para un examen de matemáticas difícil puede ser duro, pero, ¡quién sabe si tú seas un gran científico en el futuro y salves muchas vidas! ¡Hasta dónde te puede llevar tu esfuerzo!

DIOS TIENE EL CONTROL DE NUESTRAS VIDAS.

Personajes principales
Noemí: suegra de Rut.
Rut: la protagonista de la historia.
Booz: hombre Rico que se casa con Rut.
Obed: hijo de Rut y Booz, abuelo del rey David.

Recomendación de versículo a memorizar:

Rut 2:12

Que el Dios de Israel, bajo cuyas alas has venido a refugiarte, te bendiga por ello.

¿Qué otros versículos agregarías?

__________ ______________________________________

__________ ______________________________________

__________ ______________________________________

Descarga las "Lecturas y conversaciones familiares" desde www.e625.com/lecciones

Lección 15> ISAÍAS

Datos generales del libro
Isaías es uno de los grandes profetas. Su nombre significa "el Señor salva". Posee 66 capítulos.

¿Quién lo escribió y qué época era?
Lo escribió Isaías en una época agitada. El pueblo se había alejado del Señor y se había comportado mal. Es el libro que más se menciona en el Nuevo Testamento.

Propósito del libro
Isaías fue uno de los profetas principales, de la misma época de otros profetas como Oseas y Miqueas. Escribe en forma muy educada y con mucha creatividad. Usa muchas palabras diferentes (más de 2.186 palabras). El énfasis de este libro es profetizar acerca de la venida de Jesús como el Mesías y Salvador.

Actividad de introducción
Caminar con los ojos vendados
Nos reuniremos en equipos. Cada equipo escogerá a una persona a quien vendarle los ojos. Luego colocaremos cinco objetos por equipo distribuidos en el salón. Cada equipo deberá guiar a la persona que tiene los ojos vendados con cinco instrucciones: adelante, atrás, derecha, izquierda, alto. Gana el equipo que primero recoja los cinco objetos y regrese al inicio de donde salió.

Conectemos: Los profetas en el Antiguo Testamento funcionaban como guías de la voz de Dios para dirigir los pasos del pueblo de Israel. Muchas veces necesitamos personas que nos hablen de parte de Dios porque nosotros no podemos ver todo tan claro como Dios lo ve.

Conversación inicial:
¿A través de qué personas en tu vida Dios te ha hablado para dirigirte?

¿Qué aprendemos de Dios en este libro?

Regaños y buenas noticias (Isaías 1-9)

El Señor utilizó al profeta Isaías para hablar sobre las cosas terribles que habían hecho y para decirles que nadie iba a escapar del castigo si no se apartaban del mal. Les decía: "Díganle a Dios cuán arrepentidos están, antes de que sea demasiado tarde". Nadie quiso escuchar las malas noticias, esa es la parte triste.

Pero Isaías también tenía buenas noticias. Les dijo: "Dios castigará a su pueblo porque ellos no lo escuchan. Pero no estará enojado para siempre. Se acordará de ellos".

Les anunció que les daría a su Hijo, quien iba a traer luz en la oscuridad. Este niño nacería de la familia del rey David y el Espíritu de Dios estaría con Él. Este niño es Jesús.

Pregunta para nosotros: ¿Qué sucede cuando Dios nos habla a través de personas y no obedecemos? ¿Podemos ver el amor de Dios en el castigo?

Conociendo más a Dios: La Biblia dice que Dios nos ama y que a quién Él ama, el corrige. Él nos corrige porque nos ama y porque somos sus hijos. Cuando vemos que nuestros padres nos corrigen porque no les obedecimos, vemos que lo hacen porque nos aman. La mejor manera de vivir inteligentemente y con menos dolor es escuchar a Dios cuando nos está corrigiendo y hacerle caso.

DIOS ES CREADOR.

Isaías anuncia a Jesús

Isaías anuncia al Salvador y el Mesías que el pueblo de Israel estaba esperando. Anuncia al libertador. Cuando lees por ejemplo el capítulo 61 te das cuenta de que está hablando de Jesús. Imagínense que este libro fue escrito 700 años antes que viniera Jesús.

Isaías anunció al niño y dijo cómo lo llamaríamos: "Porque nos ha nacido un niño, se nos ha concedido un hijo; la soberanía reposará sobre sus hombros, y se le darán estos nombres: Consejero, Admirable, Dios fuerte, Padre eterno, Príncipe de paz."

Damos gracias a Dios por haber enviado a Jesús por nosotros.

Pregunta para nosotros: ¿Qué significan para ti cada uno de los nombres que Isaías dijo que le daríamos a Jesús?

Conociendo más a Dios: Dios nos guía a través de su consejo, nos llena de fe al saber que Él es fuerte y todopoderoso, nos hace sentir amados sabiendo que es nuestro padre, siempre lo ha sido y siempre lo será y llena nuestra vida de paz como un regalo muy preciado en momentos difíciles.

DIOS ES ADMIRABLE, FUERTE, PADRE ETERNO Y PRINCIPE DE PAZ.

Personajes principales

Isaías: profeta de Dios; su mensaje era de juicio y esperanza.

Recomendación de versículo a memorizar:

Isaías 54:10
Podrán los montes marcharse y desaparecer las colinas, pero la misericordia mía no te dejará. Jamás será quebrantada mi promesa de paz para ti, dice el SEÑOR, quien tiene misericordia de ti.

¿Qué otros versículos agregarías?

__________ _______________________________________
__________ _______________________________________
__________ _______________________________________

Descarga las "Lecturas y conversaciones familiares" desde www.e625.com/lecciones

Lección 16 › EZEQUIEL

Datos generales del libro
Es un libro que refleja la gloria de Dios.
Posee 48 capítulos.

¿Quién lo escribió y qué época era?
Fue escrito por Ezequiel, quien tenía veinticinco años cuando fue llevado cautivo y treinta cuando fue llamado al ministerio (esa era la edad en la que los sacerdotes empezaban su cargo). El libro fue escrito entre los años 593 y 550 a.C.

Propósito del libro
Ezequiel era joven cuando fue llevado al cautiverio. El tema de su profecía es la destrucción de Jerusalén, el juicio sobre el pueblo y, finalmente, el regreso de los exiliados y el futuro glorioso de Israel.

Actividad de introducción
Hablar por señas (el juego de la mímica)
Armaremos equipos. Cada uno escogerá un integrante que tendrá algunas palabras clave (mejor si van relacionadas con las parábolas del libro de Ezequiel, por ejemplo "huesos secos"). Pasarán adelante y sólo con mímicas (sin hablar) deberán exponer la palabra. Su equipo tiene como reto intentar encontrar a qué palabra se refiere.

Conectemos: Ezequiel tenía un estilo muy particular para hablar de parte de Dios. Usaba ejemplos, parábolas y hasta mímicas para hablar de parte de Dios.

Conversación inicial:
Dios nos habla por varios medios y de varias formas. A veces con palabras pero a veces también es ejemplos. ¿Cómo le dirían a un amigo que "Todo lo puede en Cristo que lo fortalece", sin usar palabras (escritas, ni habladas)?

¿Qué aprendemos de Dios en este libro?

Señales de Ezequiel

Ezequiel era un profeta muy peculiar. Utilizaba diferentes ejemplos, señales, acciones y hasta dramatizaciones para profetizar. Algunas de las señales que uso fueron estas:
Ezequiel tuvo que rasurarse la cabeza y la barba (Ezequiel 5:1-4).
Ezequiel tuvo que empacar sus cosas y cavar para abrir una brecha en el muro

de Jerusalén (Ezequiel 12:1-14).
Ezequiel tuvo que comer pan con temblor y beber agua estremeciéndose (Ezequiel 12:17-20).
Ezequiel afiló una espada y batió una mano contra otra (Ezequiel 21:8-17).
Ezequiel estuvo mudo por un tiempo (Ezequiel 24:25-27).
El profeta buscaba explicar por qué Jerusalén iba a enfrentar juicio e iba a ser destruida. Pero no se quedó allí sino que llegó a profetizar de parte de Dios sobre la restauración de Israel.

Usó muchas formas creativas para profetizar.

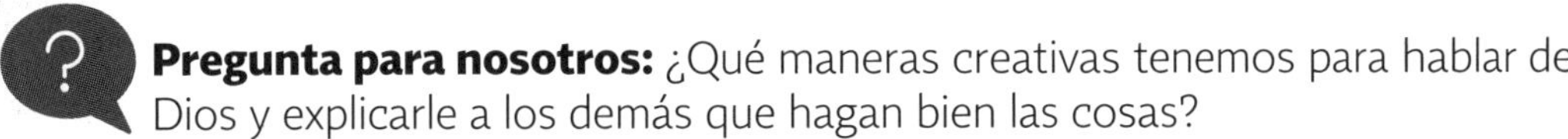
Pregunta para nosotros: ¿Qué maneras creativas tenemos para hablar de Dios y explicarle a los demás que hagan bien las cosas?

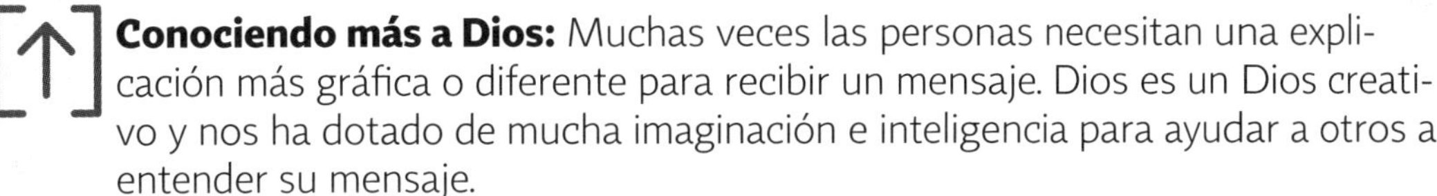
Conociendo más a Dios: Muchas veces las personas necesitan una explicación más gráfica o diferente para recibir un mensaje. Dios es un Dios creativo y nos ha dotado de mucha imaginación e inteligencia para ayudar a otros a entender su mensaje.

DIOS ES CREATIVO.

Huesos secos (Ezequiel 37:1-11)

Tal vez la historia más famosa de Ezequiel es la del Valle de los Huesos Secos. Habla sobre una visión que tuvo Ezequiel de un valle donde sólo había huesos de personas. Creo que era como un cementerio. Allí, el Señor le dijo que profetizara para que los huesos se llenaran de carne y piel. ¡Imagínense cómo sería esa escena! Ezequiel lo hizo y Dios les dio carne y piel. El problema de la reconstrucción de los cuerpos es que aún no tenían vida. Entonces El Señor le dijo a Ezequiel que soplara sobre ellos para darles vida.

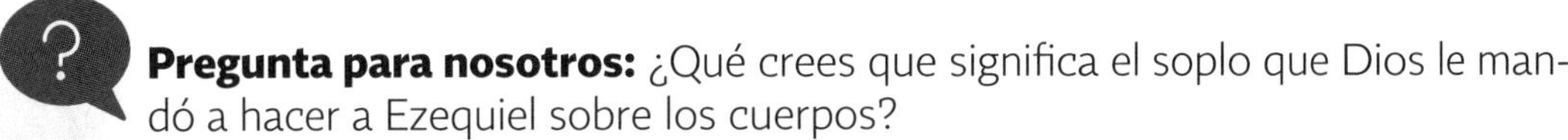
Pregunta para nosotros: ¿Qué crees que significa el soplo que Dios le mandó a hacer a Ezequiel sobre los cuerpos?

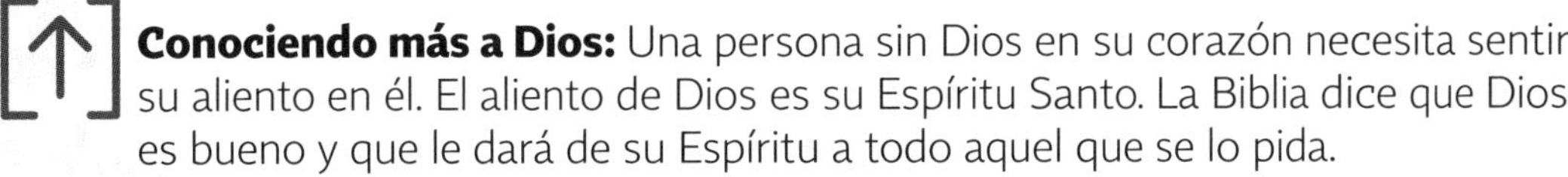
Conociendo más a Dios: Una persona sin Dios en su corazón necesita sentir su aliento en él. El aliento de Dios es su Espíritu Santo. La Biblia dice que Dios es bueno y que le dará de su Espíritu a todo aquel que se lo pida.

DIOS ES QUIEN DA VIDA.

Personajes principales
Ezequiel: profeta que le habla al pueblo de Israel mientras estaban cautivos en Babilonia.

Recomendación de versículo a memorizar:

Ezequiel 37:14:

¡Yo pondré mi aliento de vida, el Espíritu, en ustedes y vivirán…!

¿Qué otros versículos agregarías?

__________ ______________________________________

__________ ______________________________________

__________ ______________________________________

Descarga las "Lecturas y conversaciones familiares" desde www.e625.com/lecciones

Lección 17 > DANIEL

Datos generales del libro
Daniel es el libro de las visiones sobre el futuro.
Posee 66 capítulos.

¿Quién lo escribió y qué época era?
El escritor del libro es Daniel, cuyo nombre quiere decir "Dios es mi juez". Se escribió en el exilio de Babilonia, después de que Jerusalén fue conquistada. El libro empieza en el año 605 a.C.

Propósito del libro
Es uno de los libros más emocionantes en cuanto a sus historias. Este libro habla sobre los imperios y potencias que han gobernado al mundo y se considera una visión de los días finales.

Actividad de introducción
Concurso de caras serias
En parejas haremos un concurso de caras serias. Una persona debe hacer reír al otro sin tocarlo. Si durante un minuto y medio no lo ha hecho reír, el otro gana. Así podría haber eliminatorias hasta encontrar al campeón.

Conectemos: A veces los demás quieren que hagamos cosas que no deseamos. En este juego fue algo divertido y bueno, pero en ocasiones nos incitan a hacer cosas malas que no queremos. Debemos pedir fuerza al Señor para soportar la presión del grupo.

Conversación inicial:
¿Quién ha tenido una situación en donde se sintió presionado por el grupo para hacer algo que no quería hacer?

¿Qué aprendemos de Dios en este libro?

El horno al rojo vivo

El Rey Nabucodonosor construyó una enorme estatua de oro ante la cual todas las personas debían inclinarse para adorar cuando la música sonara. Había tres amigos de Daniel que se llamaban Sadrac, Mesac y Abednego que se negaron a hacerlo porque sabían que solo se podían inclinar delante de Dios.

El rey se enojó mucho y los mandó a llamar. Les dijo a sus hombres que los arrojaran a un horno de fuego. Lo jóvenes dijeron que no importaba, que Dios los libraría del fuego. Es más, exclamaron que, aunque Dios decidiera no librarlos, aun así ellos seguirían adorando solo a Dios.

En efecto, cuando fueron arrojados al fuego todos pensaron que se habían quemado pero, cuando miraron por una ventanita, vieron a un cuarto hombre que estaba cuidándolos y ellos no se quemaron. Entonces el rey ordenó sacarlos de inmediato y reconoció que solo hay un Dios que salva

Pregunta para nosotros: Algunas canciones de hoy dicen cosas muy feas. ¿Estarías dispuesto a decidir no escuchar más música cuya letra no agrade a Dios, a pesar de la presión de tu grupo de amigos?

Conociendo más a Dios: Dios es poderoso para guardarnos de cualquier mal. Cuando tus amigos que no conocen a Dios te pidan hacer algo malo, resiste. Dios siempre cuidará de ti y te dará la salida.

DIOS ES FIEL.

Las locuras de los reyes

Daniel interpretó un sueño que tuvo el rey Nabucodonosor en el cual un árbol que había crecido mucho era cortado y sus hojas y frutos eran arrancados. Ese sueño significaba que Dios iba a sacar al rey porque se había hecho orgulloso, creyéndose más alto que Dios. Entonces el rey pasó por un tiempo de locura, pero al final de ese tiempo reconoció que Dios es en realidad el Dios todopoderoso y alabó a Dios.

Cuando el rey murió, Daniel y sus amigos fueron olvidados y otro rey entró a reinar. Este nuevo rey, Belsasar, se olvidó de Dios y otra vez Dios mandó un aviso al rey: un dedo escribió en la pared unas palabras que nadie más que Daniel pudo interpretar. Esta vez, aunque el rey reconoció que se había equivocado, fue muy tarde y murió ese mismo día.

Pregunta para nosotros: ¿Cómo actúa una persona orgullosa? ¿Alguna vez has actuado así.

Conociendo más a Dios: Dios nos habla en el libro de Daniel acerca de que a Él no le agradan las personas orgullosas y soberbias. Les da oportunidades de cambiar, pero es nuestra decisión obedecer o no.

DIOS ES MISERICORDIOSO.
DIOS ESTÁ LEJOS DEL ORGULLOSO
Y CERCA DEL HUMILDE.

Daniel en el foso de los leones

Daniel sirvió a un nuevo rey. Daniel era muy bueno en lo que hacía así que los reyes lo querían a su lado. Los demás consejeros del rey no estaban muy contentos por eso, así que convencieron al rey de que, en los próximos treinta días, ¡nadie debía orar más que al rey!

Por supuesto, Daniel obedecía en todo, menos en lo que no estaba bien. El rey, al ver que Daniel le desobedeció, decidió tirarlo a un foso con leones como castigo. El rey realmente no quería hacerlo, pero lo hizo por presión de sus consejeros. Cuando lo tiraron incluso le dijo a Daniel: "Quizás tu Dios te salve". Y, ¿qué creen? En efecto, Dios lo salvó. Daniel salió ileso y el rey se alegró y mandó a castigar a los hombres que habían conspirado contra Daniel.

Pregunta para nosotros: ¿Hasta dónde hay que obedecer?

Conociendo más a Dios: Nuestra obediencia hacia los mayores debe ser siempre, hasta que nos pidan hacer algo que no es correcto delante de Dios.

DIOS ES FIEL.
DIOS NOS CUIDA.

Personajes principales

Daniel: consejero del rey.
Sadrac, Mesac y Abednego: amigos de Daniel, hombres rectos delante de Dios.
Rey Nabucodonosor: gran rey de Babilonia, enloqueció un tiempo por no reconocer la soberanía de Dios.
Rey Belsasar: sucesor de Nabucodonosor; también usó a Daniel como intérprete.
Rey Darío: sucedió a Belsasar como rey.

Recomendación de versículo a memorizar:

Daniel 2:20
Digno de elogio sea el nombre de Dios en todos los tiempos, pues sólo él tiene toda la sabiduría y todo el poder.

¿Qué otros versículos agregarías?

__________ ______________________________________

__________ ______________________________________

__________ ______________________________________

Descarga las "Lecturas y conversaciones familiares" desde www.e625.com/lecciones

Lección 18> JEREMÍAS

Datos generales del libro
Narra sobre la vida y prueba del profeta Jeremías y su mensaje para el pueblo de Dios.
Posee 52 capítulos.

¿Quién lo escribió y qué época era?
Fue el propio Jeremías quien escribió este libro. Jeremías sirvió como sacerdote y profeta. Jeremías ha sido conocido como el profeta que lloraba. Fue escrito alrededor del año 600 a.C.

Propósito del libro
El profeta vivió en una época triste del pueblo hebreo. Sufrió mucho e injustamente. Escribió sobre el juicio de Dios a un pueblo que pecaba pero también escribió sobre la grandeza del amor divino.

Actividad de introducción
Vasijas con plastilina
Usando plastilina harán una serie de vasijas. El reto es formarlas mientras les dan vuelta. No pueden dejar de darle vuelta o mover las vasijas que están haciendo. Si nos les gusta pueden parar, pero deben deshacer todo y volver a empezar.

Conectemos: En el libro de Jeremías, Dios nos compara como vasijas hechas por un alfarero. Para hacer las vasijas el alfarero le daba vueltas hasta que quedara bien. Si no salía bien, la destruía y la volvía a hacer.

Conversación inicial:
¿Por qué creen que Dios nos comparó con vasijas hechas en manos del alfarero?

¿Qué aprendemos de Dios en este libro?

No es demasiado tarde para arrepentirnos (Jeremías 2-17)

Jeremías le habló al pueblo de Israel, diciéndoles que recordaran cómo Dios los sacó de Egipto, cómo le seguían y cómo Él los ayudaba cuando pedían ayuda.

Dios les pregunta por qué lo abandonaron siguiendo a otros ídolos. Pero les dijo que aún no era demasiado tarde para arrepentirse. Les dijo: "No es demasiado tarde para volver a mí y mantener el pacto que hicimos. Actúen ahora". Demostrar arrepentimiento es la petición que el Señor les hace. Lamentablemente no le hicieron caso.

Pregunta para nosotros: ¿Cuáles son las razones más frecuentes por las que nos olvidamos de Dios?

Conociendo más a Dios: Cualquier cosa que nos haga separar de Dios y hacer cosas indebidas funciona como un ídolo de los que Jeremías advertía al pueblo de Israel. Revisemos si hay algo que nos está separando de seguir a Dios. La voz de Dios para nosotros es: "No es demasiado tarde para arrepentirnos".

DIOS ES MISERICORDIOSO.

Barro en manos del alfarero (Jeremías 18:1-20:2)

Dios le pidió a Jeremías que fuera a la casa del alfarero. Allí se detuvo a observar al alfarero trabajar en su torno. Daba forma a un poco de barro en su torno hasta que tomara la forma de olla. Un torno es un aparato que sirve para dar vueltas de manera que el alfarero pueda moldear el barro.

Dios le dijo a Jeremías, "Yo soy como el alfarero. Mi pueblo es como este barro. Si por ser rebeldes y desobedientes no logran ser la nación que me propuse que fueran, entonces comenzaré de nuevo".

Pregunta para nosotros: ¿Qué pasa en la escuela cuando no aprendes bien una materia y no la apruebas al final del año?

Conociendo más a Dios: Así como cuando en la escuela debemos hacer exámenes hasta que aprendamos la lección, muchas veces Dios nos corrige hasta que aprendamos lo que Él quiere enseñarnos.

DIOS ES EL ALFARERO.

Personajes principales
Jeremías: sacerdote y profeta del reino sureño de Judá.
Rey Josías: decimosexto rey de Judá; intentó seguir a Dios.
Rey Joacaz: malvado hijo de Josías.
Rey Joacim: malvado hijo de Josías.
Rey Joaquían: malvado hijo de Joacim.
Rey Sedequías: malvado tío de Joaquín.
Baruc: servía como escriba de Jeremías.
Ebed-melec: funcionario que ayudó a Jeremías.

Recomendación de versículo a memorizar:

Jeremías 29:11
Pues conozco los planes que para ustedes tengo, dice el SEÑOR. Son planes de bien y no de mal, para darles un futuro y una esperanza.

¿Qué otros versículos agregarías?
_________ _______________________________________
_________ _______________________________________
_________ _______________________________________

Descarga las "Lecturas y conversaciones familiares" desde www.e625.com/lecciones

Lección 19 › SOFONÍAS

Datos generales del libro
Es uno de los profetas menores por la corta extensión de su libro. Posee 2 capítulos.

¿Quién lo escribió y qué época era?
Escribe un descendiente directo del rey Ezequías. Profetiza durante el reinado de Josías, quien fue el último rey de Judá y uno de los pocos que obedeció a Dios. Sofonías es contemporáneo de Jeremías y Habacuc.

Propósito del libro
Sofonías le recuerda al pueblo que han roto el pacto con Dios y que deben arrepentirse. Pero el pueblo no siempre obedecía, por lo que muchas veces venía un castigo para hacerlos reaccionar. Sin embargo, siempre existe la promesa de restauración y esperanza. El libro habla repetidas veces de "el día del Señor", y esto quiere decir que el Dios justo tendrá que castigar la desobediencia de aquellos que le han rechazado.

Actividad de introducción
Tomaremos hojas de papel para dibujar la máscara más creativa que podamos imaginar. Podemos usar figuras, colores, etc. Luego, nos colocaremos la máscara y sin revelar nada trataremos de adivinar qué expresión tiene alguien detrás de la máscara (¡tiene que ser una muy distinta a la que los demás pueden ver!). Después de un tiempo, todos deberán mostrar la verdadera expresión que ocultaban detrás de la máscara. Puedes tomar fotos a cada uno y dar premios por la más chistosa, la más seria, etc.

Conectemos: Cuando nos ocultamos detrás de una máscara nadie puede ver lo que realmente estamos viviendo. Podemos aparentar una cosa pero la realidad puede ser otra. Esto está bien en un juego pero no está bien cuando se trata de nuestra vida espiritual. No podemos engañar a Dios aparentando algo que no es la realidad de nuestro corazón.

Conversación inicial:
¿Creen que es posible fingir ser un hijo de Dios? ¿Es posible ocultar la desobediencia delante de otras personas? ¿Delante de Dios?

¿Qué aprendemos de Dios en este libro?

(Sofonías 1:1-6)

El pueblo de Dios fingía ser obediente a Dios pero en realidad se habían apartado de Él. Su rebeldía era tal, que descaradamente adoraban a otros dioses que eran abominables. Para ellos estaba bien servir a Dios y servir a otros dioses paganos. Sin embargo, Dios recalca que destruirá a esos dioses y a todos lo que los adoran. ¿Por qué? Porque Él es el único Dios verdadero.

Pregunta para nosotros: ¿Qué crees que significa adorar a Dios? ¿Cómo podemos hacerlo?

Conociendo más a Dios: Existen muchos falsos dioses y puede ser muy fácil caer en rendirles adoración. Sin embargo, solamente existe un Dios verdadero. Por ello es muy ofensivo para Él cuando nosotros rendimos nuestra adoración a cualquier cosa.

DIOS ES EL ÚNICO DIGNO DE ADORACIÓN.

(Sofonías 2:1-3)

Buscar al Señor hace referencia a volverse a Él, arrepentirse. Es lo opuesto a la indiferencia o a abandonar al Señor. El pueblo de Dios era culpable de ambas cosas, y por ello el Señor también les había dado la espalda. Sin embargo, buscar genuinamente al Señor significa buscar justicia y humildad.

Pregunta para nosotros: ¿Qué crees que significa ser humildes delante de Dios?

Conociendo más a Dios: Dios siempre es bueno y nos da constantemente nuevas oportunidades para arrepentirnos y volver a Él. No importa lo que hayamos hecho, Él puede y quiere perdonarnos. Lo que desea ver es un corazón que reconoce que Él es Dios y nosotros somos sus hijos; debemos obedecerle por amor.

DIOS ES DIOS DE NUEVAS OPORTUNIDADES.

(Sofonías 3:14-17)

Ante la maldad de la gente Sofonías le recuerda al pueblo que habrá justicia. Deben anhelar a su Dios y poner su esperanza en Él. El propósito de Dios es reunir un pueblo que le adore. Por lo tanto, ¡deben alegrarse en la salvación del Señor!

Pregunta para nosotros: ¿Te produce alegría conocer la salvación de Dios? ¿Por qué?

Conociendo más a Dios: Dios siempre cumple sus promesas. Aunque su pueblo muchas veces fue rebelde, Él siguió siendo quien pacientemente esperaba arrepentimiento, y quien siempre se mantuvo fiel para hacer todo lo que había prometido para ellos.

DIOS ES INCONDICIONALMENTE FIEL.

Personajes principales
Sofonías: profeta tataranieto de un rey.

Recomendación de versículo a memorizar:

Sofonías 3:17-18a
¡El SEÑOR tu Dios ha llegado para vivir en medio de ti! Él es tu Salvador poderoso, que siempre cuidará de ti. Él se regocijará en ti con gran alegría; te amará y no te acusará. Por ti lanzará gritos de júbilo, como si hubiera fiesta.

¿Qué otros versículos agregarías?

__________ ______________________________________

__________ ______________________________________

__________ ______________________________________

Descarga las "Lecturas y conversaciones familiares" desde www.e625.com/lecciones

Lección 20 > ESTER

Datos generales del libro
El libro de la reina que servía a Dios. Este libro junto con el de Rut son los únicos libros con nombres de mujeres.
Posee 10 capítulos.

¿Quién lo escribió y qué época era?
El autor no se conoce, aunque Mardoqueo, Esdras o Nehemías pueden ser una opción. Se escribió alrededor del año 400 a.C.

Propósito del libro
En el libro se narra la liberación de los judíos. Los descendientes modernos de los judíos leen este libro durante la fiesta de Purim en memoria de aquella liberación. Nos muestra el cuidado que Dios tiene sobre sus hijos que, aunque no conocemos del todo el plan de Dios para nosotros, estamos seguros de que es para bien.

Actividad de introducción
Reyes y reinas
Utilizando hojas de papel fabricaremos coronas de reyes y reinas. Las coronas deben ser decoradas de la manera más creativa posible.

Conectemos: Dios nos llama un pueblo de reyes y sacerdotes. Para ser rey o reina debemos comportarnos correctamente delante de Dios y entender que si tenemos autoridad no es para nuestro bien, sino para servir a otros.

Conversación inicial:
¿Cuántos países tienen reyes en la actualidad? ¿Qué hacía un rey en la antigüedad?

¿Qué aprendemos de Dios en este libro?

Para eso Dios te trajo

Dios permitió que Ester llegara a ser reina en el tiempo del rey Asuero.
Ester tenía un primo que se llamaba Mardoqueo que la aconsejó para saber cómo llegar a ser reina. Mardoqueo se enteró de una conspiración que dos hombres estaban haciendo para matar al rey. Mardoqueo le dijo al rey sobre lo que tramaban, salvándole la vida. Aunque el hecho quedó grabado en los libros del palacio no recompensaron nunca a Mardoqueo.

Este rey tenía un segundo que se llamaba Amán. Éste odiaba a los judíos y le pidió al rey que le permitiese exterminarlos. El rey sin entender bien la situación, le dio permiso. Mardoqueo al enterarse le dijo a la reina Ester que le hablara al rey para salvar al pueblo, diciéndole: "¡Quién sabe si no has llegado al trono precisamente para un momento como este!".

Cuando Amán se preparaba para llevar a la horca y matar a Mardoqueo, el rey quiso revisar la historia de su reino y cuando vio la historia en donde Mardoqueo lo salvó de aquellos dos malhechores que querían hacerle daño, preguntó, "¿Cómo recompensamos a Mardoqueo por tal acto?". En ese momento se dio cuenta de que no lo había hecho. Amán estaba entrando en ese momento y le preguntó: "¿Cuál te parece que sería un premio adecuado para alguien a quien el rey desea honrar?". Amán, pensando que se trataba de él, le dijo: "Vestirlo con el manto del rey, dejarlo montar uno de sus caballos y proclamar en voz alta para que todos puedan oír".

Entonces, el rey le dijo a Amán, que hiciera eso con Mardoqueo. Amán se enfureció, pero Mardoqueo fue tratado como dijo Amán. Los judíos se salvaron y Amán fue castigado.

Pregunta para nosotros: ¿Cuál crees que es la moraleja de esta historia?

Conociendo más a Dios: Dios tiene un plan para tu vida. Ese plan es bueno y Él te quiere usar para bendecir a muchos. Haz el bien sin ver a quién. No dejes que la envidia te desvié del plan de Dios para ti. Dios te hizo de una forma especial, te hizo bueno para muchas cosas y no tan bueno para otras. Entiende que Dios quiere usar todo eso de ti.

DIOS TIENE EL CONTROL.

Personajes principales
Ester: reemplazó a Vasti como reina de Persia.
Mardoqueo: adoptó y crió a Ester; la aconsejó cuando era reina y al final reemplazó a Amán como segundo del reino del rey Jerjes.
Rey Jerjes: rey de Persia quien se casó con Ester.
Amán: segundo al mando del rey de Jerejes; intentó matar a todos los judíos.

Recomendación de versículo a memorizar:

Ester 4:14b

...¿Quién sabe si no es para ayudar a tu pueblo en un momento como éste que has llegado a ser reina?

¿Qué otros versículos agregarías?

__________ ______________________________________

__________ ______________________________________

__________ ______________________________________

Descarga las "Lecturas y conversaciones familiares" desde www.e625.com/lecciones

Lección 21 › NEHEMÍAS

Datos generales del libro
Nehemías es el libro que narra la reconstrucción de las murallas.
Posee 13 capítulos.

¿Quién lo escribió y qué época era?
Aunque gran parte del libro fue tomado de los escritos personales de Nehemías, se reconoce a Esdras como el autor de este libro.

Propósito del libro
Este es el último de los libros históricos del Antiguo Testamento. El libro nos muestra el liderazgo de Nehemías para la reconstrucción de la ciudad, dejando una vida acomodada como copero del Rey.

Actividad de introducción
Murallas
Con hojas de papel deberán hacer la muralla más grande que puedan. Gana la muralla más alta.

Conectemos: Aprenderemos acerca de la vida de Nehemías que le tocó reconstruir las murallas de su ciudad.

Conversación inicial:
¿Por qué creen que eran importantes las murallas en una ciudad antigua?
¿Cómo se las imaginan?

¿Qué aprendemos de Dios en este libro?

Dispuesto a cambiar de vida

Nehemías era el copero del rey. Es decir, era quien le llevaba las bebidas al rey. Esa posición era muy bien pagada y de mucha reputación en la antigüedad. Nehemías vivía una vida muy cómoda.

Un día recibió noticias de parte de su hermano Jananí, acerca de que las murallas de Jerusalén todavía estaban en ruinas; y Nehemías lloró con dolor y no pudo comer más. Le suplicó al Señor que le permitiese ir a ayudar a reconstruir las murallas y le pidió que perdonara a su pueblo por todo el mal que habían hecho.

Al ver el rey que estaba triste, le dio a Nehemías permiso para ir y no solo eso, le dio también dinero y materiales para construir la muralla.

Pregunta para nosotros: ¿Alguna vez has dejado algo que te gusta mucho por ayudar a otros?

Conociendo más a Dios: Nehemías no pensó solo en su bienestar sino pensó en cómo ayudar a sus hermanos. Dios lo recompensó con el favor del rey quien no sólo le dio permiso sino que también lo ayudó con materiales para construir la muralla. Dios te ayuda cuando deseas ayudar a otros.

DIOS ES PROVEEDOR.

Reparando las murallas

Nehemías llegó a reconstruir las murallas y pronto organizó a todos para trabajar. Realmente era un gran líder.
Al ver que avanzaban, dos samaritanos llamados Sambalat y Tobías conspiraron para matar a Nehemías y se burlaban del trabajo que hacían con las murallas. Entonces Nehemías les dijo que llevaran con ellos armas para estar preparados, pero que no dejaran de trabajar.
Terminaron la reconstrucción en 52 días, así que cuando terminaron hasta sus enemigos tuvieron temor porque se dieron cuenta de que Dios estaba con ellos.

Pregunta para nosotros: ¿Qué haces tú cuando alguien se burla de un trabajo que estás haciendo?

Conociendo más a Dios: Nehemías no se dejó amedrentar ni asustar por las personas que se burlaban del trabajo que estaban haciendo. Todos les decían que era imposible y que iba a quedar mal. Nehemías confió en Dios y no escuchó las burlas. El resultado de eso fue que terminaron la reconstrucción en tiempo RECORD.

DIOS ES PODEROSO.

Personajes principales
Nehemías: era el copero del rey Artajerjes.
Esdras: líder del segundo grupo de exiliados.
Sambalat y Tobías: se burlaban de los que estaban reconstruyendo las murallas.

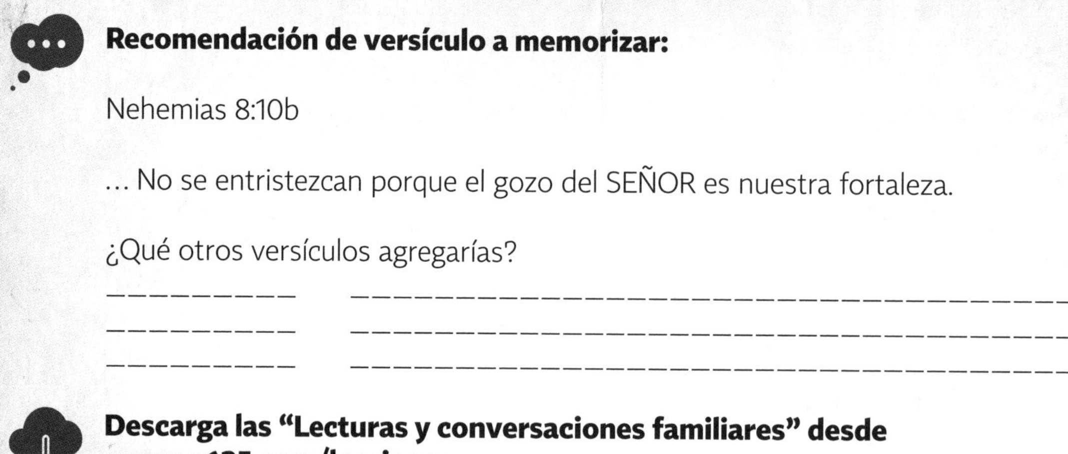

Recomendación de versículo a memorizar:

Nehemias 8:10b

... No se entristezcan porque el gozo del SEÑOR es nuestra fortaleza.

¿Qué otros versículos agregarías?

__________ ____

__________ ____

__________ ____

Descarga las "Lecturas y conversaciones familiares" desde www.e625.com/lecciones

Lección 22> HAGEO

Datos generales del libro

Es el primer profeta que habla después del regreso del pueblo de Babilonia. Forma parte de los tres libros de los profetas después del exilio. Posee 2 capítulos.

¿Quién lo escribió y qué época era?

Nos encontramos en el año 520 a.C. y en esta época aún dominaban los reyes persas. Hageo es enviado por Dios para hablar al pueblo. No sabemos mucho de él, pero es descrito como un mensajero o ángel de Dios. Afortunadamente, el pueblo prestó atención a sus palabras.

Propósito del libro

La preocupación principal de Hageo es la reconstrucción del templo. Esta es una labor que había sido comenzada pero luego el pueblo se desanimó y la abandonó por quince largos años. ¡Era como si se hubieran olvidado de Dios por tanto tiempo! Hageo les llama la atención y al mismo tiempo los anima a ser fieles a Dios y completar su tarea.

Actividad de introducción

Hagamos equipos de cuatro personas. Les daremos instrucciones por separado. A dos de ellos, les diremos que tienen que expresar aprecio, afecto, afirmación, cada uno a una de las otras dos personas. Principalmente será de forma verbal. Les felicitarán por cosas positivas, o les dirán cumplidos. A las otras dos personas les pediremos que, siendo respetuosos, ignoren, eviten, no escuchen a las personas que les hablan. Pueden distraerse, platicar entre ellos dos, voltearse, etc., todo con tal de ignorar a quienes están tratando de decirles algo positivo.

Conectemos: Se dan cuenta de qué fácil es distraernos de lo importante y sobre todo qué fácil es ignorar a otros. También pudieron sentir qué molesto es ser evitados. Esto es muy parecido a lo que estaba sucediendo entre el pueblo y Dios mismo.

Conversación inicial:

¿Por qué creen que el pueblo de Dios estaría dispuesto a ignorar a Dios? ¿Creen que a Dios le agradaba? ¿Creen que a pesar de ello Dios los seguía amando?

¿Qué aprendemos de Dios en este libro?

(Hageo 1:1-5)

Para el pueblo de Dios el templo representaba la presencia de Dios. Al mismo tiempo era un símbolo que anunciaba a otros pueblos quién era el Dios verdadero. Cuando regresaron del exilio los judíos comenzaron la construcción pero luego se desmotivaron e ignoraron este trabajo tan importante. En lugar de preocuparse por honrar a Dios, se dedicaron a construir sus propias casas lujosas y a interesarse más por su propio prestigio. No es que pensaran que Dios no era importante, solo que no era tan importante. De hecho, parece que para ellos obedecer era algo que comenzaba con la palabra “después”.

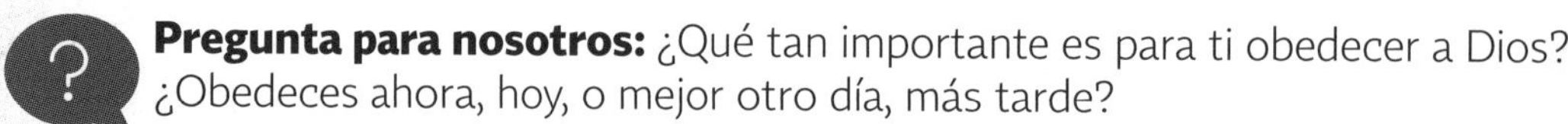

Pregunta para nosotros: ¿Qué tan importante es para ti obedecer a Dios? ¿Obedeces ahora, hoy, o mejor otro día, más tarde?

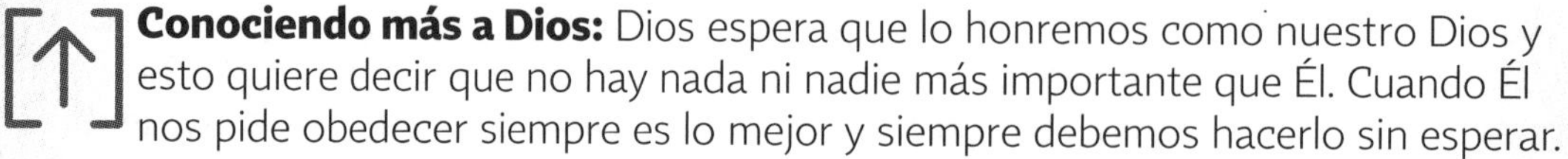

Conociendo más a Dios: Dios espera que lo honremos como nuestro Dios y esto quiere decir que no hay nada ni nadie más importante que Él. Cuando Él nos pide obedecer siempre es lo mejor y siempre debemos hacerlo sin esperar.

DIOS ES MERECEDOR DE NUESTRA OBEDIENCIA.

(Hageo 1:6-11)

Con el deseo de que el pueblo se diera cuenta de su problema espiritual, Dios utilizó una estrategia para atraer su atención: provocó una sequía. No había llovido y por eso la cosecha había sido escasa. El pueblo se encontraba sin comida, cansados de tanto trabajar sin mucho que cosechar. Tristemente, pensaron que esto era algo normal, o natural, como si simplemente fuera mala suerte. No obstante, Dios les afirma que ha sido Él quien ha traído la sequía. Dios nunca busca vengarse ni lastimarnos; busca que nos demos cuenta de nuestros errores y nos arrepintamos genuinamente. A veces tiene que utilizar algo que llamaríamos castigo para que reaccionemos.

Pregunta para nosotros: ¿Alguna vez ha tenido Dios que usar algo doloroso para que te des cuenta de que no estás obedeciendo? ¿No es mejor obedecer antes de que venga algún castigo?

Conociendo más a Dios: Dios nunca nos abandonará, aun si nosotros lo ignoramos o evitamos; pero la desobediencia nunca trae bendición. Él siempre nos da una nueva oportunidad de arrepentirnos y de volver a Él.

DIOS ES MISERICORDIOSO Y PACIENTE.

(Hageo 1:12-15)

Los líderes del pueblo y luego todo el pueblo escucharon la voz de Dios a través de Hageo. ¡Qué gran noticia! Reconocieron su pecado y decidieron obedecer. Para Dios lo importante no era la construcción de un edificio sino el corazón de su pueblo: que le reconocieran como su Dios y le sirvieran a Él y no a ellos mismos. La historia nos cuenta que les tomó cuatro años la reconstrucción de todo el templo.

Pregunta para nosotros: ¿Alguna vez has obedecido "por fuera", pero sintiéndote sin ganas de obedecer "por dentro"? ¿Cómo debería ser nuestra obediencia a Dios?

Conociendo más a Dios: Aunque Dios observa de cerca nuestras acciones, es el único que realmente puede observar también nuestro corazón. Una obediencia solo en apariencia puede engañar a otros, pero no a Dios. ¡Esta es una buena noticia! Él puede ver nuestro interior y decirnos qué cosas debemos de cambiar para evitar contaminar nuestro corazón con la desobediencia.

DIOS ES PERFECTAMENTE SANTO.

Personajes principales

Hageo: profeta enviado por Dios para desafiar y animar al pueblo.
Zorobabel: el gobernador, es decir, el líder político del pueblo.
Josué: el sumo sacerdote, es decir, el líder religioso del pueblo.

Recomendación de versículo a memorizar:

Hageo 1:13

Entonces, después de que cambiaron de actitud, el SEÑOR envió de nuevo al profeta Hageo para que les dijera: "Yo estaré con ustedes ayudándoles a cumplir este buen propósito".

¿Qué otros versículos agregarías?

__________ ____
__________ ____
__________ ____

Descarga las "Lecturas y conversaciones familiares" desde www.e625.com/lecciones

Lección 23 › MALAQUÍAS

Datos generales del libro
Malaquías representan las últimas palabras proféticas del Antiguo Testamento. Posee 4 capítulos.

¿Quién lo escribió y qué época era?
Se piensa que el libro es anónimo porque el nombre del libro quiere decir "mi mensajero." Fue escrito al final del siglo quinto A.C.

Propósito del libro:
Malaquías representa el último tiempo de los profetas del Antiguo Testamento. Reprendió al pueblo por sus pecados y también predijo la venia de Jesús.

Actividad de introducción:
¿Sabes quién soy?
En parejas, pondremos el nombre de un personaje de la televisión famoso en la espalda de uno de los compañeros. Este tendrá que adivinar de quién se tratar. Lo haremos sólo con preguntas cuya respuesta sea "sí" o "no".

Conectemos: Si sabemos cómo se comporta cada persona, sus características, qué hace, etc., podemos describirlo. Muchas veces no sabemos cómo se comporta Dios porque no lo conocemos bien. Necesitamos aprender a conocerlo.

Conversación inicial:
¿Qué sabes de cómo Dios se comporta y cómo es Él?

¿Qué aprendemos de Dios en este libro?

(Malaquías 2:13-14)

Y todavía preguntan por qué.
En el libro de Malaquías Dios está regañando al pueblo de Israel. El pueblo de Israel le reclama a Dios que no los ayuda, pero Dios les dice que cómo se preguntan por qué les pasan las cosas malas si se han alejado de Dios.

Pregunta para nosotros: ¿Pueden recordarse algún castigo que sus papás les hayan dado por portarse mal?

Conociendo más a Dios: El pueblo de Israel se estaba comportando mal y aun así le reclamaban a Dios que por qué no los bendecía. Debemos buscar agradar a Dios siempre.

DIOS RECOMPENSA.

(Malaquías 4:1-2)

Dios prometió una recompensa para aquellos que actúen correctamente y busquen agradar a Dios. Aunque en el momento pareciera que los que hacen cosas malas no tienen consecuencias y hasta les va bien. Dios dijo que va hacer justicia y que su luz alumbrará sobre los que hacen el bien y se alegrarán como un becerro recién alimentado. ¡O sea que vamos a estar muy felices!

Pregunta para nosotros: ¿Has visto que alguien ha hecho algo malo y aun así no recibió su castigo?

Conociendo más a Dios: Aunque veamos que hacer el mal no es castigado, debemos ser firmes en hacer lo bueno… al final Dios recompensa nuestras obras.

DIOS ES MISERICORDIOSO Y JUSTO

Personajes principales
Malaquías: último de los profetas del Antiguo Testamento.

Recomendación de versículo a memorizar:
Malaquías 4:2
Pero para ustedes que temen mi nombre, se levantará el sol de justicia trayendo en sus rayos salud. Y ustedes saldrán saltando como becerros recién alimentados.

¿Qué otros versículos agregarías?

_________ ___________________________________
_________ ___________________________________
_________ ___________________________________

Descarga las "Lecturas y conversaciones familiares" desde www.e625.com/lecciones

NUEVO TESTAMENTO

Toda la
BIBLIA
en un año
PARA
NIÑOS

Lección 24 > LOS EVANGELIOS (primera parte)

La encarnación de Cristo

Datos generales de los libros

Los evangelios narran la vida y obra de Jesucristo.
Son cuatro evangelios: Mateo, Marcos, Lucas y Juan.
Mateo tiene 28 capítulos, Marcos 16, Lucas 24 y Juan 21.

¿Quiénes los escribieron y qué época era?

Mateo es el escritor del evangelio que lleva su nombre; Marcos se dice que fue el escritor del apóstol Pedro, mientras que de Lucas se dice que fue compañero de escritura de Pablo. Juan es el escritor del evangelio que lleva su nombre.
Los evangelios se escriben después de la muerte de Jesús y antes del año 100 d.C.

Propósito de los libros

Los evangelios tienen como propósito presentar a Jesús como Mesías y relatar su historia y sus obras. El enfoque del evangelio de Mateo es hacia los judíos, mientras que Marcos pudo haberse enfocado en los que no eran judíos. Lucas presenta a Jesús más cercano a los hombres, mientras que Juan hace énfasis en el amor de Dios y Jesús como Hijo de Dios.

Actividad de introducción

La historia de Navidad

Coloquemos en un recipiente los nombres de José, María, pastores (cuantos sean necesarios), ángel Gabriel, los reyes del Oriente, animales del establo. Repartamos los papeles y pídeles que recreen el cuento de Navidad.

Leamos:
María y el ángel Gabriel: Lucas 1:26-38.
Nacimiento de Jesús Lucas 2:8-20.
Sabios del Oriente: Mateo 2:1-2 y 2:10-11.

Conectemos: Jesús es nuestro gran regalo. Jesús vino al mundo y se hizo hombre naciendo mediante María que nunca había estado casada. Se hizo hombre para salvarnos y para morir por nuestros pecados.

Conversación inicial:
¿Por qué crees que en la Navidad damos regalos?

¿Qué aprendemos de Dios en estos libros?

En el principio era el Verbo

Al leer al apóstol Juan en el inicio del evangelio que escribió está la siguiente declaración:

> 1Antes que nada existiera, ya existía la Palabra,
> y la Palabra estaba con Dios porque aquel que es la Palabra era Dios.
> 2Él estaba con Dios en el principio.
> 3Por medio de él todas las cosas fueron creadas,
> y no existe nada que él no haya creado.
> 4En él estaba la vida, y la vida era también la luz de la humanidad.
> 5Esta luz brilla en la oscuridad, y la oscuridad no puede apagarla.

Aquí Juan nos dice que Jesús siendo Dios se hizo hombre y vivió entre nosotros. Jesús es Dios. Al ver que nadie podía salvarnos, Dios decidió enviar a su hijo y salvarnos.

Pregunta para nosotros: ¿Qué es el verbo? ¿Qué verbos conoces?

Conociendo más a Dios: Juan dice que Jesús es el Verbo. Nosotros predicamos a Jesús cuando hacemos la Palabra de Dios, no cuando sólo la leemos o la decimos. El verbo representa acción. Correr, reír, amar, vivir, perdonar, son verbos. Si no los hacemos, no predicamos a Jesús que es el Verbo. Dios quiere que sepamos su Palabra, pero quiere más que hagamos su Palabra.

JESUS ES DIOS.

Personajes principales

Jesús: nuestro Salvador y el Hijo de Dios.
José: el padre de Jesús en la tierra.
María: la madre de Jesús en la tierra.
Los sabios: quienes llevaron regalos a Jesús.
El ángel Gabriel: el mensajero que Dios manda para anunciarle a María que será la mamá de Jesús.

Recomendación de versículo a memorizar:

Mateo 1:23

"¡Miren! La virgen concebirá y tendrá un hijo y lo llamarán Emanuel" (que quiere decir "Dios está con nosotros").

¿Qué otros versículos agregarías?

_________ _________________________________

_________ _________________________________

_________ _________________________________

Descarga las "Lecturas y conversaciones familiares" desde www.e625.com/lecciones

Lección 25 > LOS EVANGELIOS (segunda parte)

El ministerio de Jesús

Datos generales de los libros

Los evangelios narran la vida y obra de Jesucristo.
Son 4 evangelios: Mateo, Marcos, Lucas y Juan.
Mateo tiene 28 capítulos, Marcos 16, Lucas 24 y Juan 21.

¿Quiénes los escribieron y qué época era?

Mateo es el escritor del evangelio que lleva su nombre; Marcos se dice que fue el escritor del apóstol Pedro, mientras que de Lucas se dice que fue compañero de escritura de Pablo. Juan es el escritor del evangelio que lleva su nombre.
Los evangelios se escriben después de la muerte de Jesús y antes del año 100 d.C.

Propósito de los libros

Los evangelios tienen como propósito presentar a Jesús como Mesías y relatar su historia y sus obras. El enfoque del evangelio de Mateo es hacia los judíos, mientras que Marcos pudo haberse enfocado en los que no eran judíos. Lucas presenta a Jesús más cercano a los hombres, mientras que Juan hace énfasis en el amor de Dios y Jesús como Hijo de Dios.

Actividad de introducción

Carrera de los necesitados

Haremos una carrera tratando de llevar de un punto del salón a otro a uno de nuestros amigos sin que camine.
Al llegar al punto marcado le vendaremos los ojos y regresaremos al punto de partida rodeándolo y sólo guiándolo con la voz. Si nuestro amigo que está vendado toca a uno de los otros amigos o se tropieza con algo, debe regresar y reiniciar. Gana el equipo que llegue primero al punto de partida.

Conectemos: Durante su estadía en la tierra Jesús hizo muchos milagros, dándole vista a ciegos, haciendo que paralíticos caminaran, etc. Jesús hizo muchas cosas buenas e impresionantes durante su ministerio. Hoy estudiaremos eso.

Conversación inicial:

¿Qué milagros recuerdan que hizo Jesús?

¿Qué aprendemos de Dios en estos libros?

Elección de los discípulos - Marcos 1:14-20

Jesús caminó en su ciudad y fue buscando a personas que los invitaba a seguirlos. Por ejemplo, Jesús observó a Simón y Andrés arrojando sus redes en las aguas del lago de Galilea y les dijo, "Vengan y síganme". Les dijo que en lugar de peces podrían pescar personas para Dios. Luego siguió caminando y vio a Santiago y su hermano Juan que estaban reparando sus redes para pescar. También les dijo lo mismo, "Vengan y síganme". Salieron de la barca y se fueron con Jesús. Así fue llamando Jesús a cada uno de los que serían sus discípulos amados.

Pregunta para nosotros: ¿Alguna vez has tenido que dejar de hacer algo que te gusta para poder obedecer (por ejemplo a tus papás)?

Conociendo más a Dios: Simón y Andrés, Juan y Santiago y los demás discípulos estaban ocupados haciendo algo que les gustaba, pero Jesús les estaba pidiendo que lo siguieran. A veces nuestros papás nos interrumpen mientras estamos haciendo algo que nos gusta para poder hacer algo que nos piden. Por ejemplo, nos piden que entremos a la casa y dejemos de jugar para ir a ordenar nuestra habitación. Obedecer el llamado de nuestros padres se puede comparar a obedecer el llamado de Jesús a sus discípulos.

JESUS NOS ESCOGE.

Milagros de Jesús

Lucas 1:37 dice, "Porque no hay nada imposible para Dios".
Jesús hizo muchos milagros mientras caminó en la tierra, mostrando que no hay nada imposible para Dios.
Algunos de sus milagros fueron:

Convertir el agua en vino en una fiesta (Juan 2:1-11).
Sanar a la suegra de Pedro (Mateo 8:14-17).
Sanar a un paralítico (Mateo 9:1-8 o Marcos 2:1-12 o Lucas 5:17-26).
Resucitar al hijo de una viuda (Lucas 7:11-17).
Darle vista a un ciego (Mateo 9:27-31),
Alimentar a cinco mil personas sólo con cinco panes y dos peces (Mateo 14:13-21).
Curar a un sordomudo (Marcos 7:31-37).

Leer sobre los milagros de Jesús nos llena de mucha emoción y confianza en que tenemos un Dios poderoso para quien no hay nada imposible.

Pregunta para nosotros: ¿Recuerdas alguna vez que le hayas pedido a Jesús que te ayude con algo difícil para ti o tu familia? ¿Has estado enfermo y has orado a Dios?

Conociendo más a Dios: Dios es el mismo ayer, hoy y siempre. Su poder es enorme y no hay nada imposible para Él. Cuando lees cada uno de los milagros de Jesús ves que primero le pidieron que los ayudara y luego Jesús hizo el milagro. Jesús puede escucharte cuando tienes una necesidad. Su poder sigue siendo interminable y Él sigue haciendo milagros en nuestras vidas.

JESUS ES MILAGROSO.

Personajes principales

Jesús: nuestro Salvador y el Hijo de Dios.

Simón, Andrés, Santiago, Juan: pescadores que siguieron a Jesús para ser sus discípulos.

Recomendación de versículo a memorizar:

Lucas 1:37

...Para Dios no hay nada imposible.

¿Qué otros versículos agregarías?

__________ ______________________________________

__________ ______________________________________

__________ ______________________________________

Descarga las "Lecturas y conversaciones familiares" desde www.e625.com/lecciones

Lección 26 > LOS EVANGELIOS (tercera parte)

Las enseñanzas de Jesús

Datos generales de los libros

Los evangelios narran la vida y obra de Jesucristo.
Son 4 evangelios: Mateo, Marcos, Lucas y Juan.
Mateo tiene 28 capítulos, Marcos 16, Lucas 24 y Juan 21.

¿Quiénes los escribieron y qué época era?

Mateo es el escritor del evangelio que lleva su nombre; Marcos se dice que fue el escritor del apóstol Pedro, mientras que de Lucas se dice que fue compañero de escritura de Pablo. Juan es el escritor del evangelio que lleva su nombre.
Los evangelios se escriben después de la muerte de Jesús y antes del año 100 d.C.

Propósito de los libros

Los evangelios tienen como propósito presentar a Jesús como Mesías y relatar su historia y sus obras. El enfoque del evangelio de Mateo es hacia los judíos, mientras que Marcos pudo haberse enfocado en los que no eran judíos. Lucas presenta a Jesús más cercano a los hombres, mientras que Juan hace énfasis en el amor de Dios y Jesús como Hijo de Dios.

Actividad de introducción

Escondite

Es la clásica versión de escondite en donde una persona va a contar con los ojos tapados hasta veinte y luego irá a buscar a sus compañeros. La dificultad del juego está en que quien busca y quienes se esconden deberán estar con los ojos tapados.

Conectemos: Jesús enseñó muchas cosas durante su ministerio, una de ellas fue a orar en un lugar alejado o escondido, de manera que la gente no te vea orar, sino que tu oración sea sólo para Dios.

Conversación inicial:

¿En qué lugar de tu casa puedes orar?

¿Qué aprendemos de Dios en estos libros?

Enseñar a orar - Mateo 6:9-15

Jesús nos enseñó cómo debemos orar: que no debemos ser como los que quieren que todos los vean orando. La oración debe ser algo privado en donde agradecemos a Dios, lo alabamos, le pedimos que nos ayude y le decimos que trataremos de hacer las cosas bien. Cuando tú oras a Dios debes comunicarte desde tu corazón, hablar de lo que sientes y no repetir cosas simplemente por repetir. Cuando tengas una necesidad ora, cuando estés agradecido ora, cuando estés triste ora, cuando estés feliz ora. Ora siempre que puedas a Dios. La oración es una comunicación entre tú y Dios.

Pregunta para nosotros: ¿Cómo es tu oración a Dios?

Conociendo más a Dios: La oración es una conversación y Jesús nos enseñó que debe ser del corazón y solo entre tú y El.

JESUS NOS ENSEÑA.

Ama a los enemigos - Mateo 6:43-48

Cuando nos enojamos con una persona lo que normalmente pasa es que queremos tratarlo mal. Jesús enseño muchas cosas que eran diferentes a lo que normalmente pasa. Por ejemplo, nos dijo que si amábamos o tratábamos bien sólo a los que nos tratan bien, no tenemos ningún mérito. Jesús dijo que si alguien era nuestro enemigo debíamos amarlo y orar por él. También dijo que si alguien quería ser el primero o el líder debía servir a los demás. Pensar como Jesús nos enseña, nos hace diferentes, sus enseñanzas son más sabias.

Pregunta para nosotros: ¿Recuerdas a alguien a quien debas perdonar porque recientemente te hizo enojar o te dañó?

Conociendo más a Dios: Podríamos orar por esas personas que nos han hecho daño o nos han hecho enojar y decir que los perdonamos.

JESUS NOS PERDONA.

Personajes principales
Jesús: nuestro Salvador y el Hijo de Dios.
Discípulos: quienes deciden seguir a Jesús

Recomendación de versículo a memorizar:

Mateo 5:9
¡Dichosos los que hacen la paz, porque serán llamados hijos de Dios!

¿Qué otros versículos agregarías?

__________ ______________________________________
__________ ______________________________________
__________ ______________________________________

Descarga las "Lecturas y conversaciones familiares" desde www.e625.com/lecciones

Lección 27 > LOS EVANGELIOS (cuarta parte)

Las parábolas

Datos generales de los libros

Los evangelios narran la vida y obra de Jesucristo.
Son 4 evangelios: Mateo, Marcos, Lucas y Juan.
Mateo tiene 28 capítulos, Marcos 16, Lucas 24 y Juan 21.

¿Quiénes los escribieron y qué época era?

Mateo es el escritor del evangelio que lleva su nombre; Marcos se dice que fue el escritor del apóstol Pedro, mientras que de Lucas se dice que fue compañero de escritura de Pablo. Juan es el escritor del evangelio que lleva su nombre.
Los evangelios se escriben después de la muerte de Jesús y antes del año 100 d.C.

Propósito de los libros

Los evangelios tienen como propósito presentar a Jesús como Mesías y relatar su historia y sus obras. El enfoque del evangelio de Mateo es hacia los judíos, mientras que Marcos pudo haberse enfocado en los que no eran judíos. Lucas presenta a Jesús más cercano a los hombres, mientras que Juan hace énfasis en el amor de Dios y Jesús como Hijo de Dios.

Actividad de introducción:

Acertijos

Divididos por equipos, escogeremos cinco acertijos por equipo y haremos un concurso para ver quién resuelve más cantidad.

Conectemos: Jesús hablaba con los fariseos en parábolas porque quería que le entendieran sus discípulos pero que a los fariseos les costara. Una parábola es una historia de una cosa ficticia para representarnos una historia real.

Conversación inicial:
¿Qué parábolas has escuchado de Jesús?

¿Qué aprendemos de Dios en estos libros?

El reino de los cielos Mateo 13:31-32

Jesús comparó el reino de los cielos con varias cosas. Una de esas cosas fue una semilla de mostaza. Un árbol de mostaza es grande y fuerte pero su semilla es verdaderamente pequeña. Jesús dijo: "El reino de los cielos es como un grano de mostaza que un hombre sembró en su campo. Aunque es la más pequeña de todas las semillas, cuando crece es la más grande de las hortalizas y se convierte en árbol, de modo que vienen las aves y anidan en sus ramas".

Pregunta para nosotros: ¿Conoces semillas de alguna fruta y sabes cómo es su árbol después?

Conociendo más a Dios: El reino de los cielos es como una semilla de mostaza porque empieza a germinar en nuestro corazón con enseñanzas muy pequeñitas, pero van creciendo más y más hasta hacerse grande en nosotros.

JESUS ES CREATIVO.

Parábola del buen samaritano - Lucas 10:25-37

Leamos la historia del buen samaritano. Esta historia Jesús la utilizó para explicar a quién se refería cuando hablaba de amar al prójimo. Aquí podemos ver que Jesús dice que nuestro prójimo es aquel que tenemos cerca con necesidad.

Pregunta para nosotros: ¿A quién has ayudado últimamente que haya tenido necesidad?

Conociendo más a Dios: Jesús dice que la ley se resume en amar a Dios con todas nuestras fuerzas, mente y corazón y a nuestro prójimo como a nosotros mismos. Cuando ayudamos a los que tienen necesidad estamos ayudando a nuestro prójimo y cumpliendo la ley de Dios.

JESUS ES AMOR.

Parábola del hijo pródigo - Lucas 15:11-31

Leamos la historia del hijo pródigo. En esta parábola Jesús nos enseña que portarnos mal contra nuestros padres o contra Dios nos trae consecuencias, pero a pesar de todo, si nosotros decidimos arrepentirnos Dios siempre estará listos para recibirnos.

Pregunta para nosotros: ¿Alguna vez te ha pasado algo malo por desobedecer?

Conociendo más a Dios: Si desobedecemos seguramente tendremos consecuencias, no porque Dios es malo sino para que aprendamos. Pero Dios siempre estará allí esperándonos con los brazos abiertos para perdonarnos si nos arrepentimos.

DIOS ES NUESTRO PADRE.

Personajes principales
Jesús: nuestro Salvador y el Hijo de Dios.

Recomendación de versículo a memorizar:

Lucas 10:36-37
¿Cuál de los tres piensas que se comportó como el prójimo del que cayó en manos de los ladrones?
El maestro de la ley contestó:
El que se compadeció de él.
Entonces Jesús le dijo:
Anda pues y haz tú lo mismo.

¿Qué otros versículos agregarías?

__________ ______________________________________
__________ ______________________________________
__________ ______________________________________

Descarga las "Lecturas y conversaciones familiares" desde www.e625.com/lecciones

Lección 28 > LOS EVANGELIOS (quinta parte)

Arresto, muerte, resurrección y aparición de Jesús

Datos generales de los libros

Los evangelios narran la vida y obra de Jesucristo.
Son 4 evangelios: Mateo, Marcos, Lucas y Juan.
Mateo tiene 28 capítulos, Marcos 16, Lucas 24 y Juan 21.

¿Quiénes los escribieron y qué época era?

Mateo es el escritor del evangelio que lleva su nombre; Marcos se dice que fue el escritor del apóstol Pedro, mientras que de Lucas se dice que fue compañero de escritura de Pablo. Juan es el escritor del evangelio que lleva su nombre.
Los evangelios se escriben después de la muerte de Jesús y antes del año 100 d.C.

Propósitos de los libros

Los evangelios tienen como propósito presentar a Jesús como Mesías y relatar su historia y sus obras. El enfoque del evangelio de Mateo es hacia los judíos, mientras que Marcos pudo haberse enfocado en los que no eran judíos. Lucas presenta a Jesús más cercano a los hombres, mientras que Juan hace énfasis en el amor de Dios y Jesús como Hijo de Dios.

Actividad de introducción

Cargar troncos

Consigue un tronco o un peso pesado y trata de llevarlo cargado de la forma que puedas de un punto a otro; luego otro te quitará la carga y te relevará para regresar. Este juego se juega por equipos y gana el que primero termine la ruta determinada.

Conectemos: Jesús cargó la cruz durante su camino al monte Gólgota donde lo crucificaron; en algún momento encontró a una persona que le ayudó cuando se cayó.

Conversación inicial:

¿Alguna vez has ayudado algún amigo o te han ayudado al caerte o tropezarte fuertemente?

¿Qué aprendemos de Dios en estos libros?

La última cena - Juan 13

Jesús sabía que el tiempo de regresar al Padre estaba llegando. Decidió sentarse a cenar con sus discípulos e hizo varias cosas con ellos.
En primer lugar, les enseño que si querían ser parte de su reino debían servirse entre ellos. Para enseñárselos les lavó los pies en señal de que si Él, siendo quien era, les lavaba los pies (que era algo que solo los sirvientes hacían), ellos podían servirse entre ellos sin problemas.
Luego les enseñó que debían amarse entre ellos con un amor tan fuerte como el que Él les tuvo a ellos. Jesús quería que el mundo reconociera que eran sus discípulos por el amor tan fuerte que mostraban entre ellos.
También les dijo que ya no los llamaba siervos, que los llamaba sus amigos. Y que los amigos eran aquellos que se amaban mucho y se cuidaban entre ellos.

Pregunta para nosotros: ¿Qué forma de servicio estarías dispuesto a hacer por tus amigos?

Conociendo más a Dios: La enseñanza más fuerte que Jesús nos dio en este pasaje es el amor que debemos tenernos entre los que seguimos a Jesús. El mundo va a saber que somos sus hijos por la forma en que nos amamos y así van a creer en Dios.

JESUS ES NUESTRO AMIGO.

La crucifixión - Juan 19:17-37

Judas, que era uno de los amigos de Jesús, lo traicionó y lo vendió por dinero a la gente que quería matarlo. En lugar de mostrarle rencor, Jesús se entregó. Pedro no quería que se lo llevaran pero Jesús no lo impidió.

Jesús fue llevado ante el Sumo Sacerdote y ante el gobernador romano. Llevó una cruz en sus hombros con la que lo crucificarían.

El gobernador romano puso a escoger al pueblo entre liberar a un asesino y crucificar a Jesús. Ellos escogieron liberar al asesino. Así fue llevado Jesús a la cruz y crucificado con clavos, hasta que murió.

Cuando murió, Jesús le pidió al Padre que los perdonara porque no sabían lo que hacían, y al morir hubo un terremoto y el cielo se nubló.

Bajaron el cuerpo de la cruz y lo llevaron a la tumba donde se quedaría, según ellos.

Jesús murió en la cruz para poder pagar por nuestros pecados. En el Antiguo Testamento se pedía perdón por los pecados y se sacrificaba a un cordero. Jesús es el cordero de Dios que fue sacrificado y sufrió tanto para que tú y yo podamos ser perdonados de nuestros pecados. ¡Qué gran amor el de Dios que envió a su hijo único para morir por nosotros! El que cree en Él, tendrá vida eterna.

Pregunta para nosotros: ¿Quisieras recibir a Jesús como tu Señor y Salvador y dar gracias por el perdón de tus pecados y por el sacrificio de Jesús en la cruz?

Conociendo más a Dios: Jesús murió en la cruz para poder pagar por nuestros pecados. En el Antiguo Testamento se pedía perdón por los pecados y se sacrificaba a un cordero. Jesús es el cordero de Dios quien fue sacrificado y sufrió tanto para que tú y yo podamos ser perdonados de nuestros pecados. ¡Qué gran amor el de Dios que envió a su hijo único para morir por nosotros! El que cree en Él, tendrá vida eterna.

JESUS ES EL CORDERO QUE QUITA LOS PECADOS DEL MUNDO.

La resurrección - Juan 20:1-18

María Magdalena quería ir a ungir el cuerpo de Jesús así que se fue temprano a la tumba. ¿Y cuál fue su sorpresa? ¡La tumba estaba vacía! ¡Jesús había resucitado! Jesús murió por nuestros pecados pero no se quedó allí; resucitó y ahora reina con poder a la derecha de Dios Padre.

Jesús le preguntó a María: "¿Por qué buscas entre los muertos al que vive?". María corrió desesperadamente a contarle a los discípulos y decirles: "¡Ya no está muerto! ¡Está vivo!". ¡Hoy podemos celebrar que Jesús vive!

Pregunta para nosotros: ¿Cómo hubieran reaccionado ustedes si encuentran la tumba vacía?

Conociendo más a Dios: Nos alegramos porque Jesús se entregó y murió por nuestros pecados pero no quedó muerto. El resucitó y hoy vive. ¡Qué alegría para nosotros saber que podemos hablar con un Dios vivo!

DIOS ES NUESTRO PADRE.

Personajes principales
Jesús: nuestro Salvador y el Hijo de Dios.
María Magdalena: quien encontró la tumba vacía.

Recomendación de versículo a memorizar:

Juan 10:11
Yo soy el buen pastor. El buen pastor da su vida por las ovejas.

¿Qué otros versículos agregarías?

__________ ______________________________________

__________ ______________________________________

__________ ______________________________________

Descarga las "Lecturas y conversaciones familiares" desde www.e625.com/lecciones

Lección 29 > HECHOS (primera parte)

Capítulos del 1 al 6

Datos generales del libro

Es el libro de las acciones de los apóstoles.
Posee 28 capítulos.

¿Quién lo escribió y qué época era?

Aunque el autor no se identifica se cree que fue Lucas. Posiblemente fue ayudado por Pablo en la escritura. El libro narra desde el año 33 d.C.

Propósito del libro

Presentar las obras de los apóstoles después de la resurrección de Jesús. Empieza narrando lo que pasó después de la resurrección; presenta el regalo del Espíritu Santo para los que creyeron y narra el ministerio de los apóstoles.

Actividad de introducción

Varias lenguas

Aprenderemos a decir Juan 3:16 en cinco idiomas:
Dio ha tanto amato il mondo da dare il suo unico Figlio perché chi crede in lui non muoia ma abbia vita eterna.
Porque Deus tanto amou o mundo que deu o seu Filho Unigênito, para que todo o que nele crer não pereça, mas tenha a vida eterna.
For God so loved the world that he gave his one and only Son, that whoever believes in him shall not perish but have eternal life.
Car Dieu a tellement aimé le monde qu'il a donné son Fils unique, afin que quiconque croit en lui ne soit pas perdu mais qu'il ait la vie éternelle.
Denn so hat Gott der Welt seine Liebe gezeigt: Er gab seinen einzigen Sohn dafür, dass jeder, der an ihn glaubt, nicht ins Verderben geht, sondern ewiges Leben hat.

¿Pueden identificar en qué idioma está cada versículo?

Conectemos: Una de las primeras manifestaciones del Espíritu Santo en el libro de los hechos es que mientras Pedro predicaba todos entendían el mensaje aunque hablaban diferentes lenguas. Era como tener un traductor incorporado para cada idioma. ¡Imagínate cómo sería eso!

Conversación inicial:
¿Cómo se dice “hijo” en cada uno de esos idiomas?

¿Qué aprendemos de Dios en este libro?

El poder del Espíritu Santo - Hechos 2:1-47

Los discípulos estuvieron juntos en una habitación en Jerusalén esperando a que Dios les dijera qué hacer. En Jerusalén había gente de todas partes del mundo; habían llegado para la fiesta de Pentecostés.

De repente, un sonido como un fuerte viento sopló en la casa, llenándola de ruido. Algo parecido a llamas parecía arder en el aire y tocó a cada persona que estaba allí. A medida que el Espíritu Santo los tocaba, todos hablaron en otros idiomas.

La gente pensó que los discípulos estaban borrachos; entonces Pedro tomó la palabra y ante una gran multitud comenzó a predicar sobre Jesús. Ese día más de tres mil personas llegaron a ser seguidores de Jesús.

Pregunta para nosotros: ¿Quieren pedirle el Espíritu Santo al Señor?

Conociendo más a Dios: Jesús se los prometió y ellos esperaron por la promesa. El Espíritu los llenó de repente. A todo aquel que pida el Espíritu del Señor, Él se lo dará.

EL ESPÍRITU SANTO ES DIOS.

Pedro, Juan y el paralítico

Una tarde cuando Juan y Pedro iban a orar al templo se encontraron con un hombre que pedía limosna. Ellos se detuvieron y el hombre pensó que le iban a dar dinero. Pedro y Juan le dijeron: “No tengo oro ni plata pero de lo que tengo te doy. En el nombre de Jesús, ¡levántate y anda!”.

Ese hombre tenía más de cuarenta años de no poder caminar y al instante entró al templo caminando y alabando a Dios. La gente se admiró y se asustó.

Pregunta para nosotros: ¿A quién has ayudado a pesar de no poderle dar dinero?

Conociendo más a Dios: El Señor nos dejó el Espíritu Santo para poder ayudar a otros así que no todos los problemas se resuelven con dinero. Es más poderoso orar por las personas y dejar que Dios obre en su vida.

DIOS ES PODEROSO.

Personajes principales
Pedro y Juan: apóstoles de Jesús.
Paralítico: llevaba 40 años paralítico y fue sanado.

Recomendación de versículo a memorizar:

Hechos 4:12
¡En ningún otro hay salvación! No hay otro nombre bajo el cielo que los hombres puedan invocar para salvarse.

¿Qué otros versículos agregarías?

_________ _________________________________

_________ _________________________________

_________ _________________________________

Descarga las "Lecturas y conversaciones familiares" desde www.e625.com/lecciones

Lección 30 > HECHOS (segunda parte)

Capítulos del 7 al 12

Datos generales del libro

Es el libro de las acciones de los apóstoles.
Posee 28 capítulos.

¿Quién lo escribió y qué época era?

Aunque el autor no se identifica se cree que fue Lucas. Posiblemente fue ayudado por Pablo en la escritura. El libro narra desde el año 33 d.C.

Propósito del libro

Presentar las obras de los apóstoles después de la resurrección de Jesús. Empieza narrando lo que pasó después de la resurrección; presenta el regalo del Espíritu Santo para los que creyeron y narra el ministerio de los apóstoles.

Actividad de introducción

Uno de los jugadores, elegido al azar, se pone de espaldas y con las manos entrelazadas contra una pared. Cuando se da la orden puede salir a pillar. Cuando toca a alguien dice "atrapado" y ambos van a la pared, se ponen de espaldas, se dan la mano y salen a pillar a los demás y así sucesivamente hasta que son pillados todos. Cuando, por lo que sea, se sueltan las manos, los demás van a pegarles en la espalda.

Conectemos: Hoy jugamos a perseguir pero en el tiempo de los apóstoles ellos eran perseguidos y no era muy bonito que digamos. Ellos sabían que servían a Dios y que agradaban a Dios, aunque los demás los perseguían. Hoy vamos a ver en esta parte del libro de Hechos cómo eran perseguidos los apóstoles.

Conversación inicial:

¿Cómo crees que se siente ser perseguido?

¿Qué aprendemos de Dios en este libro?

Perseguidos - Hechos 6:1-7:60

Después de haber sanado al paralítico, Pedro y Juan fueron capturados y llevados a los sacerdotes porque quería ver con qué poder lo hacían; no entendían lo que pasaba. Los encarcelaron pero en la noche un ángel llegó a la cárcel, abrió las puertas y los sacó de allí. El ángel les dijo que fueran al templo y que hablaran de las buenas noticas que ellos tenían.

Algunos comenzaron a perseguirlos por predicar a Jesús. Un sabio llamado Gamaliel les dijo que los dejaran en paz y que si esto era de Dios, nadie los podría detener. En efecto, ¡hasta el día de hoy nadie nos ha podido detener de predicar a Jesús!

A otro discípulo llamado Esteban, un hombre llamado Saulo (que después se convertiría en el apóstol Pablo), hizo que lo apedrearan y mataran. Mientras lo estaban apedreando Esteban oró a Dios para que los perdonara porque no sabían lo que hacían. ¡Esteban fue recibido en el cielo como un héroe!

Pregunta para nosotros: ¿Alguna vez te han molestado por ser seguidor de Jesús?

Conociendo más a Dios: Mucha gente no entiende lo que significa ser seguidor de Jesús. Cuando alguien te moleste por hacer lo que Jesús dijo que hiciéramos recuerda que hasta los apóstoles fueron perseguidos por hacer lo que Jesús ordenaba, pero siempre el poder de Dios se mostrará en tu vida.

DIOS DA TESTIMONIO DE NOSOTROS.

De Saulo a Pablo - Hechos 9

Saulo era una persona muy instruida que perseguía a los que creían en Jesús para matarlos. Los odiaba y los quería destruir.

En uno de los viajes de persecución de Saulo, una luz brillante del cielo se le apareció de repente y lo tiró de su caballo. Saulo cegado por la luz sólo escuchó una voz que le dijo: “Saulo, Saulo, ¿por qué me persigues?”. Saulo preguntó quién era y Jesús le dijo: “Soy Jesús, a quien tú estás persiguiendo”. Luego le ordenó que se fuera a una ciudad que llamada Damasco. Allí un hombre llamado Ananías oró por él para que recobrara la vista.

Saulo se había convertido y ahora era seguidor de Jesús. De allí en adelante le llamaron Pablo. Los cristianos al principio tenían miedo porque no sabían si era real su conversión, pero Pablo seguía predicando a Jesús por donde iba.

Pregunta para nosotros: ¿Crees que Jesús puede cambiar incluso al más malvado? ¿Conoces a alguien a quien Jesús haya cambiado?

Conociendo más a Dios: Jesús cambió a Pablo que era realmente malo con la iglesia y no sólo lo cambió: lo hizo predicador de su evangelio. Para Dios no hay nadie lo suficientemente malo como para que él no lo pueda cambiar.

DIOS CAMBIA VIDAS.

Personajes principales

Gamaliel: sabio que dijo que no molestaran más a los discípulos.
Esteban: discípulo obediente que muere predicando a Jesús.
Saulo: perseguidor de la iglesia.
Pablo: el nombre de Saulo después de recibir a Jesús.

Recomendación de versículo a memorizar:

Hechos 10:35
En todas las naciones él ve con agrado a las personas que lo adoran y actúan con justicia.

¿Qué otros versículos agregarías?

__________ ______________________________________
__________ ______________________________________
__________ ______________________________________

Descarga las "Lecturas y conversaciones familiares" desde www.e625.com/lecciones

Lección 31> HECHOS (tercera parte)

Capítulos del 13 al 28

Datos generales del libro
Es el libro de las acciones de los apóstoles.
Posee 28 capítulos.

¿Quién lo escribió y qué época era?
Aunque el autor no se identifica se cree que fue Lucas. Posiblemente fue ayudado por Pablo en la escritura. El libro narra desde el año 33 d.C.

Propósito del libro
Presentar las obras de los apóstoles después de la resurrección de Jesús. Empieza narrando lo que pasó después de la resurrección; presenta el regalo del Espíritu Santo para los que creyeron y narra el ministerio de los apóstoles.

Actividad de introducción
Hagamos unos viajes virtuales. Consigue imágenes, impresas o para proyectar, de paisajes o escenas muy particulares de distintos países del mundo. El objetivo es que los niños puedan adivinar de qué país se trata. Si prefieres no muestres la imagen completa, sino poco a poco ve revelándola toda. Cuando identifiquen el país pídeles que imaginen qué clase de comida hay en ese lugar, cómo es el idioma (¡diles que inventen algunas palabras!), o algunas otras costumbres.

Conectemos: Los apóstoles se movilizaron por distintos países y ciudades para predicar el evangelio. En muchos casos fueron bien recibidos pero en otros fueron incluso maltratados. No obstante, siempre fueron fieles a la misión que se les había encomendado. En cada lugar al que iban, ¡les enseñaban a otros de Jesús!

Conversación inicial:
¿A dónde te gustaría viajar? ¿Estarías dispuesto a ir a ese lugar a contarle a otros de Jesús?

¿Qué aprendemos de Dios en este libro?

Pablo y Silas en la cárcel - Hechos 16:16-40

Pablo y su compañero Silas iban por todos lados predicando el evangelio. Una vez echaron un espíritu de adivinación de una muchacha que era esclava. Los amos de la esclava se enojaron con Pablo por quitarle el espíritu de adivinación y los hicieron meter en la cárcel.
Estando en la cárcel Pablo y Silas se pusieron a cantar y orar. Todos los presos los oían, cuando de pronto un terremoto sacudió la cárcel y se abrieron las puertas y se soltaron los grilletes. Cuando el carcelero vio que se podían escapar todos los presos, se quiso matar. Pero Pablo lo detuvo y aquel hombre preguntó cómo podía ser salvo. Pablo le respondió: "Cree en el Señor Jesucristo; así tú y tu familia serán salvos".

Pregunta para nosotros: ¿Quién de tu familia no es seguidor de Jesús?

Conociendo más a Dios: Pablo le dijo al carcelero que, si creemos, nosotros y nuestra familia serán salvos. Si tú crees en Jesús puedes orar a Dios para que toda tu familia llegue a servirle y seguirle.

DIOS ES DIOS DE MI FAMILIA.

Los viajes de Pablo - Hechos 17 al 28

Pablo predicó al Señor Jesucristo por todas las partes que le fue posible. Fue a muchas ciudades. En algunas se encontraba gente que ni siquiera conocía a Dios, así que hablaba a cada uno según la mejor forma que pudiera para darse a entender mejor.

Habló con gente que creía en Dios, pero no en Jesús, habló con gente que adoraba a otros dioses, habló con gente muy importante, trató de hablar con todas las personas que pudo. Dios abría el entendimiento de las personas que lo escuchaban y muchos aceptaban a Jesús como su Señor y salvador.

El libro de Hechos no parece tener final, porque ese libro se continúa escribiendo hasta el día de hoy con las acciones que cada uno de nosotros hacemos para predicar el mensaje de Salvación.

Pregunta para nosotros: ¿A qué amigo tuyo te gustaría hablarle de Jesús?

Conociendo más a Dios: Jesús nos envió a hablar de Él a las personas que podamos. Debemos compartir del amor y bondad de Dios para nosotros. Una buena forma de empezar a hablar de Jesús con nuestros amigos es decirles que Dios los ama, los cuida y los ayuda cuando se lo piden.

JESUS ES EL MENSAJE DE SALVACIÓN.

Personajes principales
Pablo: apóstol que predicaba a todos la Palabra.
Silas: compañero de Pablo.

Recomendación de versículo a memorizar:

Hechos 16:31

Cree en el Señor Jesucristo y serán salvos tú y tu familia.

¿Qué otros versículos agregarías?

_________ ___________________________________

_________ ___________________________________

_________ ___________________________________

Descarga las "Lecturas y conversaciones familiares" desde www.e625.com/lecciones

Lección 32 › SANTIAGO

Datos generales del libro
Habla sobre la fe puesta en práctica.
Tiene 5 capítulos.

¿Quién lo escribió y qué época era?
Lo escribe el apóstol Santiago, quien era hermano de Jesús. Se escribe entre los años 44 a 49 d.C.

Propósito del libro
Esta carta la escribe Santiago para pedirles a los creyentes en Jesús que su fe sea acompañada de acciones y que no sólo digan que creen en Jesús sino que también lo demuestren.

Actividad de introducción
Santiago dice
Vamos a hacer una versión del juego "Simón dice", sólo que diremos "Santiago dice".
El juego consiste en que todos debemos hacer lo que dice "Santiago", pero Santiago puede decir algo y hacer otra cosa. Por ejemplo: "Santiago dice manos arriba" y Santiago baja las manos. También podría hacer lo que dice.

Conectemos: Las personas hacen lo que nos ven hacer más que lo que les decimos que hay que hacer. Por eso es tan importante enseñarles a los demás con nuestro ejemplo.

Conversación inicial:
¿Le creerían a una persona que dice una cosa y hace lo contrario?

¿Qué aprendemos de Dios en este libro?

La fe sin obras - Santiago 2:14-17

Santiago es muy claro en decir que si decimos que tenemos fe en Jesús debemos demostrarlo. Nuestra fe se demuestra amando y ayudando a los que necesitan. Si nosotros decimos que somos cristianos y no ayudamos a los que podemos ayudar, nuestra fe está muerta, dice Santiago.
Cuando ayudas a alguien que te necesita, demuestras que tienes una fe viva en nuestro Señor Jesús.

Pregunta para nosotros: ¿Has ayudado a alguien alguna vez?

Conociendo más a Dios: Ayudar a quien lo necesita, demuestra que de verdad le creemos a Dios. Para que nuestra fe sea verdadera busquemos ayudar a quien podamos.

JESUS ES EL AUTOR DE NUESTRA FE.

El poder de la lengua - Santiago 3:9-12

Santiago dice que la lengua es como el timón de un barco porque un timón es pequeñito y puede mover un gran barco. ¿De qué tamaño es tu lengua? Es pequeña y aun así te puede meter en un gran lío o te puede ayudar mucho. De nuestra lengua no pueden salir alabanzas a Dios y ofensas para las personas. Eso no está bien. Debemos procurar hablar bien siempre que podamos.

Con la lengua bendecimos a nuestro Señor y Padre, y también con ella maldecimos a las personas que han sido creadas a imagen de Dios (3:9).

Pregunta para nosotros: ¿Qué creen ustedes de las malas palabras?

Conociendo más a Dios: El apóstol Santiago dice que no debemos usar nuestra boca para decir groserías y luego alabar a Dios. Cuidemos lo que decimos para que podamos agradar a Dios con nuestras vidas.

DIOS NOS ESCUCHA

La oración de Fe - Santiago 5:13-16

La oración de los hijos de Dios puede mucho. Si están preocupados, que oren. Si están alegres, que canten alabanzas. Si están enfermos, que le pidan a otros que oren por ellos. La oración puede mucho. Dios escucha y responde nuestras oraciones.

Pregunta para nosotros: ¿Necesitan oración por algo?

Conociendo más a Dios: Dios escucha y responde nuestras oraciones. Oremos por las necesidades de cada uno de nosotros. Dios hará porque Él es poderoso para responder.

DIOS RESPONDE NUESTRAS ORACIONES.

Personajes principales
Santiago: hermano de Jesús y apóstol.

Recomendación de versículo a memorizar:

Santiago 1:19
Todos ustedes deben estar listos para escuchar, pero deben ser lentos para hablar y para enojarse.

¿Qué otros versículos agregarías?

__________ ______________________________________
__________ ______________________________________
__________ ______________________________________

Descarga las "Lecturas y conversaciones familiares" desde www.e625.com/lecciones

Lección 33> GÁLATAS

Datos generales del libro
Carta del apóstol Pablo a los gálatas en la que destaca que somos justificados por la fe.
La carta tiene 6 capítulos.

¿Quién lo escribió y qué época era?
Lo escribió el apóstol Pablo muy probablemente en los años 50 d. C.

Propósito del libro
Pablo escribe esta carta para animar y exhortar a los creyentes de las iglesias de Galacia. El tema central de la carta es la justificación por la fe.

Actividad de introducción
Juego del semáforo
Su dinámica es sencilla: un adulto se coloca en un extremo del salón y todos los menores, uno al lado del otro, en el extremo contrario. El adulto oficiará de "semáforo". Cuando diga "luz verde" los niños podrán avanzar, pero cuando pronuncie "luz roja" deberán detenerse. Los que sigan avanzando tras la orden de parar quedarán descalificados. Gana el jugador que primero llegue a la línea de meta... o el único que no quede eliminado antes de tiempo.

Conectemos: Nuestra vida está llena de reglas: qué podemos hacer y qué no podemos hacer. Las podemos obedecer por obligación o porque deseamos hacerlo. A Dios le agrada que le obedezcamos porque queremos hacerlo, más que porque debemos hacerlo

Conversación inicial:
¿Cuál es el mandamiento de Dios que más te cuesta obedecer?

¿Qué aprendemos de Dios en este libro?

Gálatas 5:13-14

El apóstol Pablo escribe la carta de a los Gálatas con mucha preocupación porque después de ser haber creído fielmente en Jesús, habían llegado algunas personas a tratar de convencerlos que para agradar a Dios debían volver a practicar rituales de la ley que tenían los judíos.

No es que la ley fuera mala, pero el gran mensaje de Jesús es que a Dios lo que le importa es que nosotros escojamos hacer lo bueno porque le amamos, no porque es una obligación. Es por eso que Jesús nos liberó, para que nosotros pudiéramos escoger tomar buenas decisiones.

Pregunta para nosotros: ¿A nuestros padres, les hacemos caso porque tenemos que hacerlo o porque los amamos y deseamos obedecerlos?

Conociendo más a Dios: A Dios le agrada que hagamos algo bueno y le sirvamos no porque tenemos que hacerlo sino porque queremos hacerlo. Lo que ve El Señor es nuestro corazón.

DIOS NOS DA LIBERTAD PARA TOMAR BUENAS DECISIONES.

Fruto del Espíritu- Gálatas 5:22-23

¿Cómo podemos reconocer si estamos usando bien la libertad que Dios nos da? Si la usamos correctamente para tomar buenas decisiones vamos a producir buenos resultados como tener amor, alegría, paz, paciencia, amabilidad, bondad, fidelidad, humildad y dominio propio.

Pregunta para nosotros: ¿Qué tal si cada uno de nosotros toma una de las características del fruto del Espíritu y dice un ejemplo de qué significa cada una?

Conociendo más a Dios: Un seguidor de Jesús no se reconoce por lo que dice sino porque muestra el fruto de Dios en su vida. Si nuestros padres nos ponen reglas es para nuestro bien, pero no debemos obedecerlas sólo porque tenemos que hacerlo, sino que debemos mostrar el fruto del Espíritu Santo al momento de obedecerlas.

DIOS TRANSFORMA NUESTRO SER.

Personajes principales

Pablo: apóstol de Jesús que fue encomendado a hablar a los que no eran judíos.
Gálatas: habitantes de la región de Galacia.

Recomendación de versículo a memorizar:

Gálatas 6:9

Así que no nos cansemos de hacer el bien, porque si lo hacemos sin desmayar, a su debido tiempo recogeremos la cosecha.

¿Qué otros versículos agregarías?

__________ ______________________________________

__________ ______________________________________

__________ ______________________________________

Descarga las "Lecturas y conversaciones para tener con nuestros padres" desde www.e625.com/lecciones

Lección 34 > 1 Y 2 TESALONICENSES

Datos generales de los libros
Cartas del apóstol Pablo a los tesalonicenses que recuerdan que Cristo viene de nuevo.
La primera carta tiene 5 capítulos, yla segunda tiene 3 capítulos.

¿Quién los escribió y qué época era?
Los escribió el apóstol Pablo muy probablemente en los años 50 d.C.

Propósito de los libros
Pablo escribió estas dos cartas a la iglesia de Tesalónica para animarlos con respecto al regreso del Señor Jesucristo.

Actividad de introducción
El lápiz cooperativo
Debemos amarrar varias cuerdas a un marcador, plumón o lápiz (la mayor cantidad de cuerdas que podamos amarrar, por ejemplo ocho por lápiz). En equipos vamos a escribir la palabra "Volverá".

Conectemos: Hoy hablaremos de la segunda venida de nuestro Señor Jesucristo.

Conversación inicial:
¿Cómo se imaginan que volverá Jesús?

¿Qué aprendemos de Dios en estos libros?

La esperanza después de la muerte
1 Tesalonicenses 4:13-18

El apóstol Pablo nos anima a tener esperanza y a no entristecernos por los que han muerto. Es muy duro recuperarnos de la tristeza de alguien que queríamos y murió. Pablo dice que los que creyeron en Jesús están con Él.

Jesús regresará por nosotros. Así como se fue y subió al cielo, Jesús regresará por nosotros. Cuando venga lo hará con una trompeta de Dios en majestad y esplendor. Entonces nos uniremos a los que murieron antes.

Pregunta para nosotros: ¿Quién de tu familia que conociste ya está con Jesús?

Conociendo más a Dios: Saber que los que murieron antes que nosotros ya están con Jesús nos debe alegrar porque ellos están en un lugar mucho mejor que nosotros y sabemos y confiamos que los volveremos a ver.

DIOS REGRESARÁ POR NOSOTROS.

El trabajo - 2 Tesalonicenses 3:10-13

Pablo les escribió a los de Tesalónica para regañarlos muy fuerte porque había personas en la iglesia que no trabajaban y andaban metiéndose en las cosas que no debían. De hecho, les dice algo tan fuerte como: "El que no quiera trabajar que tampoco coma". No es correcto que, por ejemplo, en nuestra casa solo queramos que nos sirvan y no queramos ayudar en lo que nos pide.

Pregunta para nosotros: ¿En qué trabajo ayudas en tu casa?

Conociendo más a Dios: Nuestro trabajo como niños puede ser estudiar y dar las mejores notas posibles, también ayudar a limpiar o con los quehaceres de la casa. Mantengamos siempre una actitud de querer ayudar y trabajar.

DIOS RECOMPENSA EL TRABAJO.

Personajes principales

Pablo: apóstol de Jesús que fue encomendado a hablar a los que no eran judíos.
Tesalonicenses: habitantes de la región de Tesalónica.

Recomendación de versículo a memorizar:

1 Tesalonicenses 5:18

Den gracias a Dios en cualquier situación, porque esto es lo que Dios quiere de ustedes como creyentes en Cristo Jesús.

¿Qué otros versículos agregarías?

__________ ______________________________________
__________ ______________________________________
__________ ______________________________________

Descarga las "Lecturas y conversaciones familiares" desde www.e625.com/lecciones

Lección 35 > 1 CORINTIOS

Datos generales del libro
Carta del apóstol Pablo a los corintios que representa la disciplina a la iglesia.
La carta tiene 16 capítulos.

¿Quién lo escribió y qué época era?
Lo escribió el apóstol Pablo muy probablemente en los años 50 d.C.

Propósito del libro
Pablo escribió esta carta a la iglesia de Corinto para exhortarlos pastoralmente.

Actividad de introducción
Desatar el nudo
Una actividad simple y divertida que alienta a los niños a comunicarse y trabajar juntos es desatar un nudo. Necesitarás un número par de niños para esta actividad (entre 8 y 12 es el número ideal). Haz que se paren en un círculo mirando hacia adentro. Cada niño pone su mano izquierda dentro del círculo y agarra la mano izquierda de otro; hacen lo mismo con sus manos derechas. Sin soltarse, deben desatarse ellos mismos. La única forma de lograrlo es trabajando como equipo.

Conectemos: Para lograr cosas complicadas necesitamos de varias personas con varias habilidades. La iglesia es un cuerpo que necesita de varias habilidades.

Conversación inicial:
¿En qué cosas eres muy bueno?

¿Qué aprendemos de Dios en este libro?

La iglesia como cuerpo - 1 Corintios 12

Un cuerpo tiene varias partes y todas son diferentes, con diferentes funciones. Algunas partes del cuerpo son más grandes, otras más pequeñas; unas más visibles y otras no se ven. Por ejemplo, el pie es diferente de la mano; el ojo diferente del corazón. Gracias a que todas las partes del cuerpo hacen su parte, éste funciona bien. Así como el cuerpo tiene diferentes partes de diferentes formas, así somos nosotros en el cuerpo de Cristo que es la Iglesia.

Pregunta para nosotros: Para jugar ¿cuáles son las partes del cuerpo que más usas?

Conociendo más a Dios: Todos somos diferentes. Dios nos hizo diferentes. Tenemos habilidades diferentes. Debemos dar gracias a Dios por las habilidades de cada uno.

DIOS ES MULTIFORME.

El camino más excelente - 1 Corintios 13

El amor es el camino más excelente. Es el mejor camino siempre. Dios es amor.
Pablo nos describe en esta carta algunas características del amor:
El amor es paciente, es bondadoso.
El amor no es envidioso ni presumido, ni orgulloso.
No se comporta con rudeza, no es egoísta, no se enoja fácilmente, no guarda rencor.
No le gustan las injusticias.
Disculpa todos los errores, siempre confía en la persona amada, espera de ella lo mejor y todo lo soporta.

El amor de Dios es perfecto. Si queremos tener una guía de cómo debemos tomar nuestras decisiones, este capítulo de la carta de corintios podría serlo. El mandamiento de Jesús es que nos amemos.

Pregunta para nosotros: ¿Con quién te está costando expresar amor de Dios últimamente? ¿Con quién has sido impaciente, o envidioso, o rudo o malvado?

Conociendo más a Dios: Busquemos escoger siempre el camino del amor. En lugar de la envidia, busquemos la bondad. En lugar de la rudeza, el egoísmo o el enojo, busquemos el amor. Cuando buscamos amar a las personas nos parecemos más a Jesús.

DIOS ES AMOR.

Personajes principales
Pablo: apóstol de Jesús que fue encomendado a hablar a los que no eran judíos.
Corintios: habitantes de la región de Corinto.

Recomendación de versículo a memorizar:

1 Corintios 13:13

Tres virtudes hay que ahora permanecen: la fe, la esperanza y el amor.
Pero la más excelente de ellas es el amor.
¿Qué otros versículos agregarías?

__________ ______________________________________
__________ ______________________________________
__________ ______________________________________

Descarga las "Lecturas y conversaciones familiares" desde www.e625.com/lecciones

Lección 36 > 2 CORINTIOS

Datos generales del libro
Carta del apóstol Pablo a los corintios. Contiene palabras pastorales.
La carta tiene 13 capítulos.

¿Quién lo escribió y qué época era?
Lo escribió el apóstol Pablo muy probablemente en los años 50 d.C.

Propósito del libro
Pablo escribió estas dos cartas a la iglesia de Corinto para reprenderlos con amor.

Actividad de introducción
Mi buen regalo
Pensemos en una o dos personas a las que queramos darle un regalo. Usando una hoja de papel doblada en cuatro y unos crayones, haremos una tarjeta para obsequiarle a esa o esas personas.

Conectemos: La Biblia dice que es mejor dar que recibir. Dios bendice cuando damos.

Conversación inicial:
¿A qué persona escogiste y por qué?

¿Qué aprendemos de Dios en este libro?

Sembrar y cosechar - 2 Corintios 9:6-7

Compartir nuestro amor, nuestro trabajo y hasta nuestro dinero es una forma de sembrar. Así como si un agricultor siembra muchas semillas va a cosechar muchas frutas, si nosotros somos abundantes en sembrar en las personas cosecharemos abundantemente. La cosecha no nos la darán las personas sino Dios.
Eso fue lo que quiso enseñarles el apóstol Pablo a los corintios y les dijo: "Cada uno tiene que determinar cuánto va a dar. Que no sea con tristeza ni porque lo obliguen, porque Dios ama al que da con alegría".

Pregunta para nosotros: ¿En qué persona has sembrado amor, esfuerzo o dinero últimamente?

Conociendo más a Dios: No nos cansemos de hacer el bien a los que podamos. Sembremos abundantemente, Dios nos dará una cosecha de bendición abundante.

DIOS RECOMPENSA.

Las armas con que luchamos - 2 Corintios 10:4-5

Pablo nos anima a no usar la misma forma de resolver nuestros problemas que utilizan las personas que no conocen de Dios. Pablo les escribe a los corintios diciendo: “Para destruir las fortalezas del mal, no empleamos armas humanas, sino las armas del poder de Dios”.

Las personas que no conocen de Dios quieren resolver las cosas con armas y fuerzas, pero nosotros utilizamos otro tipo de armas. Por ejemplo, la oración es un arma poderosa porque oramos a un Dios tremendamente poderoso. Decir la verdad, es otra arma igual de potente que los que creemos en Dios tenemos. La Biblia está llena de verdades que nos ayudan a combatir contra los argumentos o mentiras que el mundo tiene.

Pregunta para nosotros: ¿Alguna vez has resuelto tus problemas con discusiones o golpes? ¿Qué otra manera tenías de resolverlo?

Conociendo más a Dios: Nuestras armas son poderosas en Dios para derribar hasta la más grande fortaleza. La oración y la verdad son armas que debemos aprender a usar para poder pelear mejores batallas.

DIOS ES PODEROSO.

Personajes principales

Pablo: apóstol de Jesús que fue encomendado a hablar a los que no eran judíos.
Corintios: habitantes de la región de Corinto.

Recomendación de versículo a memorizar:

2 Corintios 10:18

Porque la persona que de veras es digna de aprobación no es la que se alaba a sí misma, sino aquella a la que el Señor alaba.

¿Qué otros versículos agregarías?

__________ ______________________________________

__________ ______________________________________

__________ ______________________________________

Descarga las "Lecturas y conversaciones familiares" desde www.e625.com/lecciones

Lección 37 > ROMANOS

Datos generales del libro
Carta del apóstol Pablo a los romanos; aborda lo que los cristianos creemos.
La carta tiene 16 capítulos.

¿Quién lo escribió y qué época era?
Lo escribió el apóstol Pablo muy probablemente en el año 56 d.C.

Propósito del libro
Pablo escribió esta carta a los cristianos que vivían en Roma para recordarles que el evangelio ha dado salvación tanto a judíos como a no judíos.

Actividad de introducción
Damas chinas
Haremos un torneo de damas chinas. Las reglas son así:
Las piezas solo se pueden mover diagonalmente por las casillas oscuras y nunca pueden retroceder. Cuando encuentran una pieza adversaria que tiene detrás de ella una casilla vacía, se la "comen", saltando por encima de ella.
Una pieza se convierte en dama cuando alcanza la última línea del campo adversario. Se llama "coronar" a colocar sobre una pieza otra del mismo color.
La dama se mueve en diagonal pero puede adelantar o retroceder.

Conectemos: En juegos como este o como el ajedrez, gana la persona que logra ver más de un movimiento y adelantarse a la jugada. Dios tiene control de nuestra vida y aunque no entendamos a veces un movimiento suyo, Él tiene el control y todo ocurre para nuestro bien.

Conversación inicial:
¿Qué es lo que más te costó del juego?

¿Qué aprendemos de Dios en este libro?

Todo ayuda para bien - Romanos 8:28

A veces no entendemos por qué algo que queríamos mucho no sale como queríamos, o por qué a veces pasan cosas que son malas aparentemente. Pablo les dice a los hermanos de la iglesia de Roma que todas las cosas ayudan para bien a quienes aman al Señor.

Pregunta para nosotros: ¿Recuerdas algo malo que después haya terminado siendo algo bueno?

Conociendo más a Dios: Podemos confiar en que Dios tiene el control de nuestras vidas y Él hará que las cosas nos ayuden para bien.

DIOS ES SOBERANO.

Nadie nos podrá separar - Romanos 8:38-39

Imagínense cuán poderoso es el amor de Dios que nada, absolutamente nada, nos podrá separar de su amor. No existe ningún poder, ninguna criatura, nada en lo más alto, nada en lo más profundo que nos pueda separar del amor de Jesús por nosotros.

Pregunta para nosotros: ¿Cuál creen que es la creación más poderosa en la tierra?

Conociendo más a Dios: Cualquiera de las creaciones, por más poderosa que sea, no podrá separarnos del amor de Dios.

DIOS ES PODEROSO.

No se amolden a este mundo - Romanos 12:2

Es muy fácil que las modas o pensamientos de este mundo nos afecten. Sin darnos cuenta estamos actuando de acuerdo a lo que vemos en la televisión o en Internet. Pablo le pide a la iglesia que no se deje atrapar por las modas de este mundo.

Pregunta para nosotros: ¿Cuál es tu programa favorito de televisión o de Internet?

Conociendo más a Dios: Aunque hay cosas buenas en los programas que miramos en la tele o en nuestras tabletas, debemos estar atentos y pensar siempre si lo que están diciendo es verdad o no y si es agradable a Dios.

DIOS ES SANTO.

Personajes principales
Pablo: apóstol de Jesús que fue encomendado a hablar a los que no eran judíos.
Romanos: habitantes de la ciudad de Roma.

Recomendación de versículo a memorizar:

Romanos 8:31

¿Qué más se puede decir? Si Dios está de parte nuestra, ¿quién podrá estar contra nosotros?

¿Qué otros versículos agregarías?

__________ ______________________________________

__________ ______________________________________

__________ ______________________________________

Descarga las "Lecturas y conversaciones familiares" desde www.e625.com/lecciones

Lección 38 > EFESIOS

Datos generales del libro
Carta del apóstol Pablo a los efesios explicando la bendición del cuerpo de Cristo. La carta tiene 6 capítulos.

¿Quién lo escribió y qué época era?
Lo escribió el apóstol Pablo muy probablemente en el año 60 al 62 d.C.

Propósito del libro
Pablo escribió Efesios para enseñarnos acerca de las riquezas de Dios.

Actividad de introducción
Necesitaremos pelotas suaves. Nos dividiremos dos equipos: un equipo lanzará las pelotas y el otro deberá tener un escudo (puede ser hecho de cartulina) para defenderse. Si una pelota le da a una persona, esta debe salir del juego. Si un lanzador es tocado por una persona con escudo, ésta debe salir del juego. Gana el equipo que quede con más personas después de cinco minutos.

Conectemos: Nuestra lucha es contra quienes quieren hacernos desobedecer a Dios. Debemos estar seguros de estar siempre con la armadura correcta para soportar los ataques.

Conversación inicial:
Qué se necesita para poder combatir y defendernos si nos están tirando dardos?

¿Qué aprendemos de Dios en este libro?

Efesios 6:13-17

Pablo nos anima a usar una armadura como la de los guerreros de su época. Esta armadura es figurada, es decir. La usa para ejemplificarnos como debemos comportarnos.

El cinturón de la verdad. Los soldados usaban túnicas sueltas. El cinturón de la verdad representa que no debemos tener verdades a medias y estar confiados en la verdad de la palabra.

La coraza de justicia. La coraza es una pieza de cuero resistente que protege todos los órganos vitales como el corazón.

El escudo de la fe se refiere a la protección contra los dardos que son pensam-

ientos que no son de Dios.
El yelmo de la salvación. Esto se refiere a que el diablo quiere hacernos pensar que la salvación no es valiosa.
La espada del Espíritu que es la Palabra. La espada es el arma de ataque de la armadura. Cuando te venga un pensamiento debes contestarle con la Palabra de Dios. Por eso es importante que leamos la Biblia.

Pregunta para nosotros: Ante los siguientes pensamientos, ¿qué versículo de la Biblia escogerías para contestar?
No lo vas poder hacer.
Desobedece a tus papás.
Tienes que vengarte de lo que te hicieron.
No importa mentir.

Conociendo más a Dios: Dios nos dejó su Espíritu y su Palabra para poder combatir los pensamientos malos. Cuando nos sintamos atraídos a hacer algo malo cubrámonos con la armadura de Dios.

DIOS NOS PROTEGE.

Obedecer - Efesios 6:1-3

Obedecer a nuestros padres es el primer mandamiento que tiene una promesa de Dios. Imagínense que Dios nos promete que nos irá bien y tendremos larga vida si honramos a nuestros papás. Honrarlos significa que ellos se sientan orgullosos de nosotros porque les obedecemos y nos esforzamos para hacer las cosas bien.

Pregunta para nosotros: ¿Cómo se te ocurre que podemos honrar a nuestros papás?

Conociendo más a Dios: Hay muchas maneras de hacer sentir orgullosos a nuestros padres. Esforcémonos para poder honrarlos y Dios, que nunca miente, nos dará su promesa y nos irá bien en la vida.

DIOS ES NUESTRO PADRE.

Personajes principales
Pablo: apóstol de Jesús que fue encomendado a hablar a los que no eran judíos.
Efesios: habitantes de la región de Éfeso.

Recomendación de versículo a memorizar:

Efesios 4:32

Al contrario, sean bondadosos entre ustedes, sean compasivos y perdónense las faltas los unos a los otros, de la misma manera que Dios los perdonó a ustedes por medio de Cristo.

¿Qué otros versículos agregarías?

__________ ______________________________________

__________ ______________________________________

__________ ______________________________________

Descarga las "Lecturas y conversaciones familiares" desde www.e625.com/lecciones

Lección 39 > FILIPENSES

Datos generales del libro
Carta del apóstol Pablo a los filipenses. Describe a Jesús como fuente de gozo y fuerza.
La carta tiene 4 capítulos.

¿Quién lo escribió y qué época era?
Lo escribió el apóstol Pablo muy probablemente en el año 61 d.C.

Propósito del libro
Pablo escribió Filipenses para enseñarnos acerca del gozo y la fuerza de Dios. Esta carta fue escrita para los que vivían en la región de Filipos.

Actividad de introducción
Serios. Nos pondremos en parejas y una persona estará seria, sin reírse y la otra persona hará todo lo posible por hacerla reír (sin tocarla). Puede contar chistes, hacer caras o mímicas, etc.

Conectemos: ¿Sabes que cuando reímos nuestro cuerpo libera una sustancia que nos hace sentir bien y le cae bien a nuestro cuerpo? Reír es saludable para nuestro cuerpo.

Conversación inicial:

¿Eres de los que se ríe frecuentemente o de los que les cuesta reírse?

¿Qué aprendemos de Dios en este libro?

Seguir a la meta - Fil 3:13-14

Pablo compara nuestra vida en el Señor con una carrera. ¿Alguno ha corrido una carrera? En una carrera lo importante es llegar a la meta. Si una persona va mirando hacia atrás se detendrá, dejará de avanzar y perderá la carrera. En una carrera lo importante es la constancia, ir siempre a una misma velocidad y al final hacer el último esfuerzo. Ustedes están empezando la carrera, no dejen que nada los distraiga; va a haber muchas cosas que los querrán separar o distraer del camino pero sigan fuertes y firmes hasta alcanzar la meta. La meta es llegar a ser como Jesús.

Pregunta para nosotros: ¿Cuántos han corrido una carrera? ¿Qué hay que hacer para ganar una carrera?

Conociendo más a Dios: Así como para ganar una carrera se necesita disciplina y entrenamiento, la disciplina de un cristiano está en leer la Biblia, orar y buscar hacer el bien a los que podamos.

DIOS ES LA META.

Nada por egoísmo -Filipenses 2:3

Pablo dijo: "No hagan nada por egoísmo o vanidad. Más bien, hagan todo con humildad, considerando a los demás como mejores que ustedes mismos". Realmente es muy desagradable cuando las personas andan presumiendo lo que hicieron o hacen las cosas solo para que las admiren y digan lo buenas que son. Cuando hagan algo por alguien no deben esperar que los aplaudan. Jesús dijo que si nos aplauden en la tierra ya tuvimos nuestra recompensa, pero si no lo hacen, la recompensa la tendremos en el cielo. ¿Qué recompensa prefieren?

Pregunta para nosotros: ¿Has hecho alguna vez algo por alguien sin esperar que te lo agradecieran?

Conociendo más a Dios: Traten de vivir sin egoísmo, no solo pensando en ganar ustedes. También alégrense cuando alguien que ustedes quieren gana o le va bien en algo. No intenten hacer las cosas para que los admiren.

DIOS ES HUMILDE.

Personajes principales
Pablo: Apóstol de Jesús que fue encomendado a hablar a los que no eran judíos.
Filipenses: habitantes de la región de Filipos.

Recomendación de versículo a memorizar:
Filipenses 2:5.

La actitud de ustedes debe ser como la de Cristo Jesús.

¿Qué otros versículos agregarías?

__________ ______________________________________

__________ ______________________________________

__________ ______________________________________

Descarga las "Lecturas y conversaciones familiares" desde www.e625.com/lecciones

Lección 40 > COLOSENSES

Datos generales del libro
Carta del apóstol Pablo a los colosenses recalcando que Jesús perfecciona al hombre.
La carta tiene 4 capítulos.

¿Quién lo escribió y qué época era?
Lo escribió el apóstol Pablo muy probablemente entre el año 60 y 62 d.C.
Pablo escribe esta carta desde la cárcel.

Propósito del libro
Pablo escribió Colosenses para enseñarnos acerca del Hijo. Esta carta fue escrita para los que vivían en la región de Colosas, una pequeña aldea, y luego sería enviada a la iglesia de la gran ciudad de Laodicea.

Actividad de introducción
Actitud positiva
Vamos a separarnos en equipos. Cada equipo deberá ponerse de acuerdo para que uno pase al frente y haga algo que haga reír a los demás. Gana el equipo que lo haga con la mejor actitud posible y haga reír a sus compañeros.

Conectemos: Pablo nos motiva a vivir siempre con una actitud positiva, haciendo las cosas siempre como para el Señor y no para los hombres.

Conversación inicial:
¿Cuál es el tipo de trabajo que te ordenan tus papás o tus maestros en el que te cuesta más tener una actitud positiva?

¿Qué aprendemos de Dios en este libro?

La supremacía de Cristo - Colosenses 1:15-20

Jesús es el principal de la creación; por medio de Él fueron hechas todas las cosas. Él es la cabeza del cuerpo que es la iglesia. Es el primero en todo. Jesús es Dios. Esta es una de las declaraciones más claras en la Biblia acerca de quién es Jesús. Pablo nos invita a reconocer a Jesús como Dios y supremo. Destaca cómo Él siendo tan grande nos ama a nosotros que somos tan pequeños.

Pregunta para nosotros: ¿Qué función del cuerpo te gustaría ser?

Conociendo más a Dios: Cristo es la cabeza, su iglesia es su cuerpo. Así como en nuestro cuerpo la cabeza es quien dirige y piensa, el cuerpo es quien hace lo que se piensa.

CRISTO ES EL PRIMERO.

No de mala gana - Colosenses 3:23

Pablo le insistió a los Colosenses: "Hagan lo que hagan, háganlo bien, como si en vez de estar trabajando para amos terrenales estuvieran trabajando para el Señor". Muchas veces las personas hacemos algunas cosas que no nos gustan (pero son buenas) de mala gana. Por ejemplo, estudiar; muchas veces lo hacemos no de buena gana. La próxima vez que tengamos que hacer algo bueno y no tengamos ganas, pensemos que lo hacemos como para El Señor y Él se va a alegrar con nosotros.

Pregunta para nosotros: ¿Qué es lo que más te cuesta hacer y no lo haces de buena gana?

Conociendo más a Dios: Hacer ejercicios, estudiar, comer, ayudar en la casa, todas esas cosas nos cuesta hacerlas de buena gana. Entendamos que si hacemos las cosas como para el Señor, Él va a bendecir nuestra vida por la actitud que tenemos.

DIOS RECOMPENSA.

Personajes principales
Pablo: apóstol de Jesús que fue encomendado a hablar a los que no eran judíos.
Colosenses: habitantes de la región de Colosas.
Timoteo: ayudante de Pablo

Recomendación de versículo a memorizar:
Colosenses 3:20.

Hijos, obedezcan a sus padres en todo, porque esto agrada al Señor.

¿Qué otros versículos agregarías?

__________ ____
__________ ____
__________ ____

Descarga las "Lecturas y conversaciones familiares" desde www.e625.com/lecciones

Lección 41 > FILEMÓN

Datos generales del libro
Carta del apóstol Pablo a un creyente llamado Filemón.
La carta tiene 1 capítulo.

¿Quién lo escribió y qué época era?
Lo escribió el apóstol Pablo muy probablemente entre el año 60 y 62 d.C. Pablo escribe esta carta para una persona llamada Filemón, de la congregación de Colosas.

Propósito del libro
Pablo escribe esta carta a Filemón, una persona de buena posición económica que tenía un esclavo llamado Onésimo, el cual lo había ofendido. Pablo le pide que lo reciba y lo perdone.

Actividad de introducción
El peso de no perdonar
Mantengamos arriba las manos por dos minutos. A ver quiénes aguantan.
Ahora pongamos un peso como un libro o cualquier cosa de un peso aguantable, veremos cuánto es lo más que podemos sostenerlo.

Conectemos: ¿Cómo sintieron cuando se quitaron el peso? Muy bien, ¿verdad? Así se siente cuando una persona perdona. Al principio no perdonar parece aguantable, cuando el tiempo pasa se va haciendo más fuerte la carga.

Conversación inicial:
¿Qué pensarías de alguien que le perdonaron una gran deuda de mucho dinero, pero que luego no pudo perdonar a alguien que le debía poquito?

¿Qué aprendemos de Dios en este libro?

Parábola del siervo despiadado - Mateo 18:21-25

Leamos esta parábola escrita en el evangelio de Mateo sobre una persona que le debía muchísimo dinero a un rey. Este rey tuvo misericordia y decidió perdonarle el dinero porque era imposible que le pagara. Ni aun trabajando toda su vida se lo iba a poder pagar. Luego, esta persona a la que le perdonaron, salió y se encontró a otra persona que le debía un poco de dinero. ¿Cuál crees que fue su reacción? Lo lógico hubiera sido que le perdonara el poco de dinero que le debía porque a él le habían perdonado mucho. Pues no lo hizo así y obligó a la persona que le debía poco a que le pagara. Cuando el rey se enteró de eso se enojó mucho y lo mandó a encarcelar. Esta misma historia nos pasa a nosotros cuando no perdonamos a una persona por una ofensa, porque Dios nos ha perdonado por ofensas más grandes.

Pregunta para nosotros: ¿Cuántas veces deberíamos perdonar a una persona?

Conociendo más a Dios: Jesús dijo que deberíamos perdonar hasta setenta veces siete, diciendo con eso que siempre deberíamos de perdonar.

DIOS NOS PERDONA.

Filemón - Filemón 1

Hablamos del perdón porque es la historia central de la carta de Filemón. Filemón era una persona con dinero que tenía un esclavo que se llamaba Onésimo. Onésimo le robó dinero a Filemón y se fue a Roma (eso acostumbraban a hacer los esclavos que robaban para que no los atraparan). Estando en Roma se encontró con Pablo y se convirtió a Jesús. Onésimo le sirvió a Pablo y Pablo lo llegó a querer mucho. Ahora Pablo quería que Onésimo regresara con Filemón, que éste lo perdonara y que ya no lo tratara como esclavo sino que lo recibiera como hermano en Cristo. Es difícil la petición que Pablo le hizo a Filemón pero Pablo estaba seguro de que Filemón lo perdonaría porque Cristo le había perdonado más a Filemón.

Pregunta para nosotros: ¿Qué cosas que te hacen tus amigos son las que más te cuestan perdonar?

Conociendo más a Dios: Podemos confiar en que perdonar las ofensas es siempre la mejor opción porque Dios nos ha perdonado a nosotros más.

DIOS TIENE MISERICORDIA.

Personajes principales

Pablo: apóstol de Jesús que fue encomendado a hablar a los que no eran judíos.
Filemón: creyente de la iglesia de Colosas.
Onésimo: esclavo de Filemón que huyó y sirvió a Pablo.

Recomendación de versículo a memorizar:

Filemón 1:3.

Que Dios nuestro Padre y el Señor Jesucristo derramen en ustedes amor y paz.

¿Qué otros versículos agregarías?

__________ ______________________________________

__________ ______________________________________

__________ ______________________________________

Descarga las "Lecturas y conversaciones familiares" desde www.e625.com./lecciones

Lección 42> TIMOTEO, TITO

Datos generales de los libros
Estas son cartas de Pablo a sus colaboradores, identificadas con el nombre de ellos.
1 Timoteo tiene 6 capítulos.
Tito tiene 3 capítulos.

¿Quién los escribió y qué época era?
Los escribió el apóstol Pablo muy probablemente entre el año 62 y 64 d.C. Pablo escribe esta carta para su amado discípulo Timoteo en Éfeso y a Tito en la isla de Creta.

Propósito de los libros
Pablo escribe estas cartas para darles indicaciones a sus discípulos, para que se las enseñen a las iglesias. El reto es que eran jóvenes tratando de enseñar a personas mayores.

Actividad de introducción
Enseñar origami
Escogeremos a un grupo al que un adulto les enseñará a hacer una figura en papel usando origami. Luego, cado uno de este grupo tendrá la responsabilidad de enseñarle a otro grupo. Veremos qué tan buenos maestros somos.

Conectemos: A Timoteo y a Tito Pablo les dio la misión de enseñar a las iglesias. Enseñar es una tarea complicada, especialmente si les toca enseñarles a personas que son más grandes que ustedes.

Conversación inicial:
Has tenido que enseñarle algo a alguien mayor que tú?

¿Qué aprendemos de Dios en estos libros?

Ser ejemplo - 1 Timoteo 4:12

Pablo le escribe a Timoteo dándole indicaciones para la iglesia, pero le pide que sea ejemplo para los demás. Le dice: "Que nadie te menosprecie por ser joven. Pero sé ejemplo de los fieles en la forma en que hablas y vives, en el amor, en la fe y en la pureza".

Nosotros somos muy jóvenes y debemos ser ejemplo para los demás. Si decimos que debemos portarnos bien, debemos hacerlo porque los demás nos van a creer más si ven que nosotros hacemos lo que decimos.
Lo mismo le pide pablo a Tito en Tito 2:7.

Pregunta para nosotros: ¿Cuándo te has comportado como ejemplo para los demás?

Conociendo más a Dios: Aunque no podemos comportarnos siempre de la mejor manera, debemos intentarlo porque hay muchas personas mirándonos y aprendiendo de nosotros. Fuimos llamados a ser luz para el mundo.

DIOS NOS VE.

Ejercicio físico - 1 Timoteo 4:8

¿Es bueno el ejercicio físico? Claro que sí. Para crecer sanos y fuertes es necesario hacer ejercicio diariamente. Pablo le dice a Timoteo que el ejercicio es bueno pero que, así como hace ejercicio físico, también debe ejercitarse en la piedad a los demás.
Cuando uno hace ejercicio empieza con ejercicios simples y pequeños hasta que puede hacer ejercicios más completos y difíciles. Empecemos haciendo obras de piedad pequeñas y vayamos ejercitándonos en la piedad hasta llegar a ser como Jesús.

Pregunta para nosotros: ¿Qué pequeño ejercicio de piedad se te ocurre que puedas hacer esta semana?

Conociendo más a Dios: Ayudar a otros, compartir tu comida con un compañero, enseñarle a alguien algo que no sabe, todos son pequeños ejercicios de piedad que debemos de practicar.

DIOS ES AMOR.

Personajes principales
Pablo: apóstol de Jesús que fue encomendado a hablar a los que no eran judíos.
Tito: discípulo de Pablo.
Timoteo: discípulo de Pablo, hijo de Eunice y Nieto de Loida.

Recomendación de versículo a memorizar:

1 Tim 4:12b.

Pero sé ejemplo de los fieles en la forma en que hablas y vives, en el amor, en la fe y en la pureza.

¿Qué otros versículos agregarías?

__________ ____

__________ ____

__________ ____

Descarga las "Lecturas y conversaciones familiares" desde www.e625.com/lecciones

Lección 43 > 2 TIMOTEO

Datos generales del libro
Carta del apóstol Pablo a un su amado discípulo Timoteo.
La carta tiene 4 capítulos.

¿Quién lo escribió y qué época era?
La escribió el apóstol Pablo muy probablemente entre el año 66 y 68 d.C. Pablo escribe esta carta para su amado discípulo Timoteo.

Propósito del libro
Pablo escribe estas cartas (las dos a Timoteo y la carta a Tito) para poder darles indicaciones a sus discípulos para que se las enseñen a las iglesias. El reto es que eran jóvenes tratando de enseñar a personas mayores.

Actividad de introducción
Soldado de Jesús
Todos debemos estar formados como soldados en línea. Un adulto deberá dar instrucciones como "tirarse al suelo", "dar un paso a la derecha", "dar un paso a la izquierda", "hacer 2 saltos", etc. Si alguien se equivoca en la instrucción, deberá salir de la competencia.

Conectemos: Somos soldados del Señor. Un soldado necesita mucho entrenamiento y seguir las órdenes de su superior. Nuestro superior es Dios y nuestro entrenamiento es la oración, la lectura bíblica y hacer buenas obras.

Conversación inicial:
¿Cómo te imaginas que es la preparación de un soldado?

¿Qué aprendemos de Dios en este libro?

Espíritu de poder - 2 Timoteo 1:6-7

Pablo estaba por segunda vez en la cárcel y la mayoría de las personas lo habían dejado solo. Le escribe esta segunda carta a su querido Timoteo para pedirle que lo visite. A pesar de que Pablo estaba encarcelado en una situación muy fea, le dice a Timoteo que no debe avergonzarse ni intimidarse porque el Evangelio es poder de Dios. Dios no nos ha dado un Espíritu de temor sino de poder, amor y dominio propio.

Pregunta para nosotros: ¿Alguna vez te ha dado vergüenza decir que eres cristiano o predicar de Jesús?

Conociendo más a Dios: Aunque nuestros amigos se burlen de nosotros por ser seguidores de Jesús, debemos saber que el Evangelio es poder de Dios y que Dios se agrada cuando hablamos de Él con los demás.

DIOS NOS LLAMA A DAR TESTIMONIO DE ÉL.

Buen testimonio - 2 Timoteo 2:15

Dar testimonio de Jesús delante de las personas es no avergonzarnos de ser seguidores y creyentes de Él y hacer lo que su palabra dice que hagamos. Pablo anima a Timoteo a esforzarse en presentarse como trabajador aprobado delante de Dios, ya que requiere un esfuerzo poder hacer lo que Jesús dijo que hiciéramos.

Cuando reprobamos un examen nos toca esforzarnos más y volver a hacerlo hasta aprobarlo. Así también, si nos equivocamos y hacemos algo malo delante de Dios, Dios nos perdonará si pedimos su perdón y nos tocará esforzarnos más para pasar ese examen.

Pregunta para nosotros: ¿Alguna vez has reprobado algún examen? ¿Qué tuviste que hacer para aprobarlo?

Conociendo más a Dios: El esfuerzo siempre trae recompensas. Esforzarnos por estar aprobados delante de Dios vale la pena y trae sus beneficios y recompensas.

DIOS DA SEGUNDAS OPORTUNIDADES.

Personajes principales

Pablo: apóstol de Jesús que fue encomendado a hablar a los que no eran judíos.
Timoteo: discípulo de Pablo, hijo de Eunice y Nieto de Loida.

Recomendación de versículo a memorizar:

2 Timoteo 1:7

El Espíritu que es don de Dios, no quiere que temamos a la gente, sino que tengamos fortaleza, amor y dominio propio.`

¿Qué otros versículos agregarías?

__________ ______________________________________

__________ ______________________________________

__________ ______________________________________

Descarga las "Lecturas y conversaciones familiares" desde www.e625.com/lecciones

Lección 44 > 1 PEDRO

Datos generales del libro
Primera de las cartas del apóstol Pedro enviada a los creyentes que habían sido expulsados de su tierra y atravesaban una crisis.
La carta tiene 5 capítulos.

¿Quién lo escribió y qué época era?
La escribió el apóstol Pedro muy probablemente entre el año 64 y 65 d.C.

Propósito del libro
Pedro estaba en la cárcel cuando escribe esta carta y anima a los creyentes a confiar en Dios. En medio de la aflicción ¡en Él siempre hay esperanza!

Actividad de introducción
Piedras vivas
Hagamos pirámides humanas. Con mucho cuidado haremos una pirámide poniendo a varios como base. Cuando terminen, estén listos para que alguien tome una fotografía del resultado final.

Conectemos: Pedro dice que somos piedras vivas que forman una casa espiritual.

Conversación inicial:
¿Qué parte de la casa te gusta más?

¿Qué aprendemos de Dios en este libro?

Ser santos - 1 Pedro 1:14-15

Pedro nos anima a ser hijos obedientes y a no tomar la forma de este mundo. ¿Qué significa tomar la forma de este mundo? Significa no hacer las cosas malas que las personas hacen. Amoldarnos a este mundo es, por ejemplo, alejar a un niño de tu clase y ya no hablarle. Nos amoldaríamos a este mundo si hiciéramos lo mismo solo porque los demás lo hacen. Cuando algo está mal y nosotros lo hacemos nos amoldamos a este mundo.

Pregunta para nosotros: ¿Qué ejemplo se les ocurre de amoldarse a este mundo?

Conociendo más a Dios: Amoldarse significa tomar la forma. Nosotros debemos ser fuerte y resistirnos a hacer lo malo cuando sabemos que debemos hacer lo bueno.

DIOS ES SANTO.

No avergonzarse - 1 Pedro 4:14

Pedro dijo: "Dichosos ustedes si los insultan por causa de Cristo, porque el glorioso Espíritu de Dios está siempre con ustedes". A veces hay personas que pueden burlarse de nosotros por decir que somos cristianos o porque hacemos lo que Jesús dijo que hiciéramos. Si alguien nos hace esto, el apóstol Pedro nos animó a no avergonzarnos sino alabar a Dios porque Dios se alegra con nosotros.

Pregunta para nosotros: ¿Cuál sería tu respuesta si alguien se burlara de ti por ser cristiano?

Conociendo más a Dios: Jesús se alegra cada vez que nosotros hablamos de él con nuestros amigos.

DIOS SE ALEGRA CON NOSOTROS CUANDO HABLAMOS DE ÉL.

Personajes principales

Pedro: apóstol de Jesús que fue encomendado a hablar a los judíos.

Recomendación de versículo a memorizar:

1 Pedro 4:8

Sobre todo, ámense en gran manera unos a otros, porque el amor cubre muchos pecados.

¿Qué otros versículos agregarías?

__________ ____

__________ ____

__________ ____

Descarga las "Lecturas y conversaciones familiares" desde www.e625.com/lecciones

Lección 45 > 2 PEDRO

Datos generales del libro
Segunda de las cartas del apóstol Pedro, escritas para alertar a los cristianos de las mentiras que se propagan y se oponen a la verdad de Dios.
La carta tiene 3 capítulos.

¿Quién lo escribió y qué época era?
La escribió el apóstol Pedro muy probablemente entre el año 64 y 65 d.C. Pedro estaba en la cárcel cuando escribe esta carta y anima a los creyentes a confiar en Dios.

Propósito del libro
Pedro sabía que su muerte estaba cerca. Quiere advertir a los creyentes de mentiras que están escuchando y busca que tengan claridad sobre las enseñanzas acerca del regreso de Cristo y el fin del mundo.

Actividad de introducción
Dos verdades y una mentira
Para jugar "dos verdades y una mentira" todos se sientan en círculo. Cada participante prepara tres declaraciones, dos que son verdad y una que es mentira. El orden de los participantes se elige al azar para compartir sus tres declaraciones. Según los grupos de juego, el objetivo es decidir cuál de las tres afirmaciones es una mentira. Un ejemplo: "Tengo dos hermanas, mi segundo nombre es Alberto y estudio karate". Cuanta más gente en la sala sabe de ti, más difícil se hace el juego.

Conectemos: Pedro estaba muy preocupado porque había muchos falsos profetas queriendo enseñar mentiras a la iglesia.

Conversación inicial:
¿Recuerdas alguna mentira que te la hayas creído?

¿Qué aprendemos de Dios en este libro?

Recordar la escritura - 2 Pedro 1:12

Pedro le insiste a la iglesia para que siempre estudie la verdad y les dice lo siguiente: "Jamás dejaré de recordarles estas cosas, aun cuando las sepan y permanezcan firmes en la verdad".

A veces podemos decir que una historia de la Biblia ya la sabemos, o que no es necesario memorizar textos. Pedro decía que era necesario que nos la recordaran por más que ya lo supiéramos para que nadie nos enseñe nada que no esté escrito en la Biblia. Muchos profetas falsos habían querido enseñarle a la iglesia cosas equivocadas y Pedro sabía que la única manera de que no les creyeran era que ellos supieran la verdad, por eso insistía en recordársela.

Pregunta para nosotros: ¿Qué versículo o pasaje de la Biblia saben?

Conociendo más a Dios: Insistir en conocer sobre la Biblia es algo que el apóstol Pedro nos pidió para que nadie nos engañe enseñándonos cosas que no son de Dios, incluso dentro de la Iglesia.

DIOS ES ÚNICO.

De la fe al amor - 2 Pedro 1:5 -8

Según Pedro, las cualidades que nos harán crecer en el conocimiento de Jesús son:

La fe
La buena conducta
El entendimiento
El dominio propio
La paciencia
La devoción a Dios
El afecto fraternal
El amor

Parece ser que el apóstol Pedro puso un orden en estas características y dijo que a todas ellas les agreguemos amor. Pablo también dijo en la carta a los Corintios que de todas las características la más importante es el amor.

Pregunta para nosotros: ¿Podemos cada uno dar un ejemplo de alguna de las características que Pedro hablaba en 2 Pedro 1:5-7?

Conociendo más a Dios: Llegar a crecer en el conocimiento de Jesús nos tomará toda nuestra vida, pero es necesario tener claro que lo importante del conocimiento es hacerlo con amor y no por arrogancia.

DIOS SE ALEGRA CON NOSOTROS CUANDO HABLAMOS DE ÉL.

Personajes principales
Pedro: apóstol de Jesús que fue encomendado a hablar a los judíos.

Recomendación de versículo a memorizar:

2 Pedro 3:18

Crezcan en el amor y en el conocimiento de nuestro Señor y Salvador Jesucristo.

¿Qué otros versículos agregarías?

__________ ____

__________ ____

__________ ____

Descarga las "Lecturas y conversaciones familiares" desde www.e625.com./lecciones

Lección 46 › HEBREOS

Datos generales del libro
La carta a los Hebreos destaca que Jesús es simplemente mejor.
Tiene 13 capítulos.

¿Quién lo escribió y qué época era?
No se sabe con exactitud quién escribió esta carta. Varias personas son los posibles autores: Pablo, Silas, Bernabé, Apolos, Lucas, u otros. La carta se escribió entre el año 67 y el año 69 d.C.

Propósito del libro
Se escribe para hablarles especialmente a los judíos sobre Cristo como el Salvador y como quien cumplía todas las promesas del Salvador prometido en el Antiguo Testamento.

Actividad de introducción
¿Quién es?
Haremos dos equipos: uno que averigua y otro que sólo puede decir sí o no. En la frente de los que averiguan pondremos nombres de los héroes de la fe. La tarea es tratar de averiguar con preguntas el nombre que tiene en la frente. No puede preguntar por letras.

Conectemos: La carta a los Hebreos describe a muchos héroes de la fe. Son personajes que creyeron y tuvieron esperanza.

Conversación inicial:
¿Alguno de ustedes tiene nombre de algún personaje de la Biblia?

¿Qué aprendemos de Dios en este libro?

Héroes de la fe - Hebreos 11

La carta a los Hebreos define la fe como la garantía de lo que se espera, la certeza de lo que no se ve.

En el Antiguo Testamento hay muchos ejemplos de hombre de fe: Abel, Enoc, Noé, Abraham, Isaac, Jacob, José, Moisés, Rahab, Gedeón y varios más. Muchos de ellos fueron hombres con defectos y cosas buenas, pero todos tuvieron fe.

Tenían la certeza de que Dios estaba con ellos, pero ninguno de ellos conoció a Jesús. Nosotros tenemos el privilegio de poder tener fe y saber que Jesús es el Hijo de Dios.

Pregunta para nosotros: ¿Quién es el héroe de la fe cuya historia más te gusta?

Conociendo más a Dios: La fe es estar seguros que lo que esperamos pasará. Nuestra fe debe estar puesta siempre en Dios.

DIOS ES MI CERTEZA.

Jesús, Sumo Sacerdote - Hebreos 4:12-16, 11, 12:1-4

La carta a los Hebreos fue escrita para ayudar a los cristianos que eran judíos. Dice: "La palabra de Dios es viva y poderosa. Es más cortante que una espada de dos filos que penetra hasta lo más profundo de nuestro ser, y examina nuestros más íntimos pensamientos y los deseos de nuestro corazón".

Nos ayuda a evaluar lo que es bueno y lo que es malo. Gracias a eso no podemos esconder nada delante de Dios, pero no debemos de tener miedo. Tenemos un Sumo Sacerdote, Jesús, quien entiende nuestras debilidades como humano, porque Él vivió como hombre y padeció igual que nosotros pero no pecó.

Pregunta para nosotros: ¿Cuál creen que eran cosas que a Jesús le pasaban como humano?

Conociendo más a Dios: Jesús se cansaba, tenía hambre, tenía sueño, le dolían los golpes, lloraba, reía. Jesús entiende por lo que pasamos porque Él lo pasó en la tierra.

JESUS ES NUESTRO SUMO SACERDOTE.

Personajes principales
Los héroes de la fe: Abel, Enoc, Abraham, Isaac, Jacob, José entre otros.

Recomendación de versículo a memorizar:

Hebreos 13:8

Jesucristo es el mismo ayer, hoy y por los siglos.

¿Qué otros versículos agregarías?

__________ ______________________________________
__________ ______________________________________
__________ ______________________________________

Descarga las "Lecturas y conversaciones familiares" desde www.e625.com.

Lección 47 > 1, 2 Y 3 JUAN

Datos generales de los libros
Las cartas del apóstol Juan fueron muy importantes para explicar que Jesús es verdaderamente Dios y verdaderamente hombre, y cómo debemos vivir como sus discípulos.
La primera carta tiene 5 capítulos, la segunda y la tercera tienen 1 capítulo cada una.

¿Quién los escribió y qué época era?
Estas cartas fueron escritas por el apóstol Juan entre los años 90 a 95 d.C.
Juan fue el último apóstol en morir.

Propósito de los libros
Juan hace énfasis en amarnos como hermanos para mostrar que el amor de Dios habita en nosotros y también como una evidencia de que amamos a Dios.

Actividad de introducción
Amar al que lo necesita
Nos pondremos stickers en la frente con palabras como "enfermo", "pobre", "malcriado", "sordo" y otros que se te ocurran. Todos nos comportaremos con los demás brindándoles ayuda según el sticker que tienen puesto. Nadie puede ver su propio sticker y al final todos tendrán que adivinar, según el tipo de ayuda que recibieron, cuál era el que tenían en la frente.

Conectemos: El mensaje principal de las cartas de Juan es demostrar el amor a nuestros hermanos.

Conversación inicial:
¿Qué sintieron por la forma en que los trataban?

¿Qué aprendemos de Dios en estos libros?

Amar con hechos - 1 Juan 3:16-18

Juan habla de un nuevo mandamiento que es amar a nuestros hermanos con un amor como el de Jesús. Cuando Juan dice que demos la vida por nuestros hermanos no se refiere necesariamente a morir por ellos. Se refiere a ayudar a nuestros hermanos con lo que tengamos a nuestra disposición. Si alguno te pide ayuda, ayúdalo. Esto es demostrar con hechos el amor de Dios para con él. Juan

Dijo: "Pero si alguien está bien económicamente y no ayuda a su hermano que está en necesidad, ¿cómo puede haber amor de Dios en él? Hijitos míos, que nuestro amor no sea sólo de palabra ni de labios para afuera, sino que amemos de veras y demostrémoslo con hechos".

Pregunta para nosotros: ¿Qué manera se te ocurre de demostrar el amor de Dios a tus amigos?

Conociendo más a Dios: El amor de Dios debe ser demostrado con acciones, no solo con palabras. Dios es amor por eso nosotros amamos, porque somos de Dios.

DIOS ES AMOR.

Amar a mi hermano - 1 Juan 4:21

No puedo decir que amo a Dios si estoy peleando con mis hermanos o mis amigos. Dice Juan que no podemos decir que amamos a Dios, al que no vemos, si no amamos a nuestros hermanos que sí vemos.
La próxima vez que te pelees con alguien piensa que a Dios no le agrada esa actitud porque, al pelearte con alguien a quien Dios ama, no demuestras que lo amas.

Pregunta para nosotros: ¿Alguna vez se han peleado con alguien a quien quieren?

Conociendo más a Dios: El amor de Dios se demuestra perdonando y no peleando.

JESUS NOS PERDONA POR ESO PERDONAMOS.

Personajes principales
Juan: apóstol amado por Jesús.

Recomendación de versículo a memorizar:

1 Juan 3:16

Al morir por nosotros, Cristo nos demostró lo que es el amor. Nosotros también debemos dar la vida por nuestros hermanos.

¿Qué otros versículos agregarías?

__________ ____

__________ ____

__________ ____

Descarga las "Lecturas y conversaciones familiares" desde www.e625.com/lecciones

Lección 48 › JUDAS

Datos generales del libro
Es una de las cartas generales del Nuevo Testamento.
Tiene solamente 1 capítulo.

¿Quién lo escribió y qué época era?
Lo escribe Judas, hermano de Jacobo. De ser así, entonces se trata de un hermano de Jesús. Sin embargo, se conoce muy poco de su vida. Escribe alrededor del año 60 d.C.

Propósito del libro
Judas tenía pensado escribir una carta a los creyentes para hablarles del tema de la salvación. Sin embargo, se dio cuenta de que había influencia de personas que decían mentiras acerca de Jesús, así que decide cambiar de tema. Les escribe para decir que deben defender las verdades de Jesús no solamente con palabras, sino principalmente con una vida de obediencia.

Actividad de introducción
Vamos a repasar algunos programas de televisión, series o caricaturas que la mayoría de nosotros ha visto. Como sabemos, en la televisión o en videos, es posible hacer muchos efectos especiales. Algunas cosas son exageraciones, otras son imposibles en el mundo real. Veamos si podemos hacer una lista de las mentiras más grandes que hemos visto.

Conectemos: En videos o películas podemos detectar las mentiras. Sin embargo, imagina por un momento qué sucedería si alguien no se diera cuenta de que algo no es cierto y se creyera que es verdad. ¡Sería desastroso! Podría lastimarse seriamente.

Conversación inicial:
¿Creen que todo el mundo conoce la verdad acerca de Dios? ¿Qué pasaría si alguien no conoce la verdad o cree cosas que son mentira acerca de Dios?

¿Qué aprendemos de Dios en este libro?

(Judas 1: 3-4)

Entre los cristianos a los que Judas escribe, se habían infiltrado personas que hablaban mentiras acerca de Jesús. Lamentablemente aquellos cristianos no habían hecho nada al respecto; escuchaban, ¡e incluso comenzaban a creer algunas de estas mentiras! Judas les recuerda que aquellos que han creído el evangelio verdadero, lo evidencian en su vida de obediencia. Quienes hablan un evangelio falso, lo demuestran con una vida de desobediencia.

Pregunta para nosotros: ¿Por qué crees que en la forma de vivir se nota lo que creemos acerca de Jesús?

Conociendo más a Dios: Cuando conocemos a Jesús nuestra vida es transformada desde nuestro interior. Dice la Biblia que somos hechos nuevas personas (nuevas criaturas) y eso luego se empieza a notar en nuestra manera de vivir, en obediencia.

DIOS NOS TRANSFORMA.

(Judas 1: 12-13, 16)

Judas advierte a los cristianos que los mentirosos andan diciendo que se puede obedecer a Dios y andar pecando. Esto es falso. Por eso, describe a aquellos que enseñan mentiras con cuatro descripciones. Piensa un momento en el significado de cada una de esas comparaciones. Piensa en lo contrario de esas descripciones, en cómo es una persona que conoce, habla y vive las verdades de la Palabra de Dios.

Pregunta para nosotros: ¿Cuál de estas comparaciones te llama más la atención?

Conociendo más a Dios: En Jesús conocemos el carácter generoso, amoroso, servicial y humilde de Dios. Él espera que sus hijos reflejemos a otros esa misma forma de ser, porque le conocemos a Él.

DIOS NO ES EGOISTA.

(Judas 1: 20-22)

En medio de las mentiras que algunos estaban enseñando, Judas les pide a los creyentes dos grandes cosas. En primer lugar, les dice que deben estar firmes en conocer y creer solamente la verdad. En otras palabras, ¡deben estar alertas para no dejarse engañar! En segundo lugar, les pide que por favor traten de ayudar a otros a que no crean mentiras, que los rescaten de caer en errores desastrosos. Cuando conocemos la verdad debemos enseñarla a otros.

Pregunta para nosotros: ¿Con quién podrías hablar acerca de Jesús esta semana?

Conociendo más a Dios: Dios es misericordioso y siempre quiere que le conozcamos. Desea que no seamos engañados con falsos dioses, ni con falsas ideas de lo que a Él le agrada. La única forma de saber cuál es la verdad es leyendo su Palabra y obedeciéndola.

DIOS ES VERDAD.

Personajes principales
Judas: líder de la iglesia, hermano de Jesús.

Recomendación de versículo a memorizar:

Judas 1:3b

Luchen y defiendan con firmeza la verdad que Dios, una vez y para siempre, dio a su santo pueblo.

¿Qué otros versículos agregarías?

__________ ____
__________ ____
__________ ____

Descarga las "Lecturas y conversaciones familiares" desde www.e625.com/lecciones

Lección 49 > APOCALIPSIS (primera parte)

Capítulos del 1 al 5

Datos generales del libro
Libro del apóstol Juan; último libro de la Biblia que contiene muchos mensajes acerca del futuro.
Tiene 22 capítulos.

¿Quién lo escribió y qué época era?
Lo escribió el apóstol Juan entre los años 94 y 96 d.C.

Propósito del libro
Juan es llevado a tener una visión en la cual ve lo que sucedía en el cielo; esto es lo que presenta en este libro. Describe el cielo y los acontecimientos futuros en la segunda venida del Señor Jesús.

Actividad de introducción:
Alabanza celestial
Nos separaremos en cuatro grupos:

Los leones
Los toros
Los humanos
Las águilas

Imaginarán como será cantar la canción "Aleluya" como si fueran cada una de las figuras mencionadas. Se pondrán de acuerdo y luego todos cantaremos la canción como para Dios.

Conectemos: El apóstol Juan vio cómo era la adoración en el cielo. Una de las cosas que vio eran cuatro seres vivientes que tenían estas formas. ¡La adoración en el cielo va a ser muy creativa!

Conversación inicial:
¿Cómo se imaginan que será la adoración en el cielo?

¿Qué aprendemos de Dios en este libro?

El culto en el cielo - Apocalipsis 4

¿Se han imaginado alguna vez cómo será la adoración en el cielo? Juan fue llevado en una visión a poder contemplar un fragmento de cómo era un culto de adoración en el cielo. Lo que vio era impresionante. Lo primero que vio fue un trono al que lo rodeaban veinticuatro tronos en donde estaban sentados veinticuatro ancianos con coronas de oro en la cabeza. ¡También vio un mar como de vidrio! Alrededor del trono vio cuatro seres vivientes con diferentes formas. Y todos decían: "Santo, Santo, Santo es el Señor Dios todopoderoso, el que era, que es y que ha de venir". Cada vez que adoraban, los veinticuatro ancianos tiraban sus coronas delante del trono.

En fin, la imagen era impresionante.
A veces no le damos importancia a la alabanza a Dios ¡y en el cielo va a ser muy importante y creativa!

Pregunta para nosotros: ¿Qué le dirías a Jesús cuando lo alabes en el cielo?

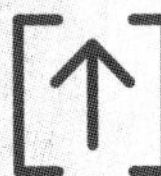

Conociendo más a Dios: Eso que piensan decirle a Jesús cuando estén en el cielo, pueden hacerlo hoy y crear la mejor alabanza. La mejor alabanza es la que es genuina en su corazón.

DIOS ES MAJESTUOSO.

Corregir a las iglesias - Apocalipsis 1,2 y 3

A Juan le dictaron un mensaje para las iglesias. El mensaje era de lo que estaban haciendo bien, pero también de lo que estaban haciendo mal. El Señor le dijo a Juan que los regañaba porque los amaba. Es como nuestros padres. Ellos nos regañan porque nos aman. También nos dicen cosas buenas, porque nos aman.

Una de las cosas que le dijeron a Juan era que Dios tocaba a la puerta de nuestro corazón y que era nuestra decisión recibirlo y decirle que entre. Si nosotros no le pedimos que entre, no lo hace. Él nos quiere pero quiere que nosotros le pidamos que entre en nuestros corazones.

Pregunta para nosotros: ¿Quiénes desean recibir a Jesús como el Señor de su vida e invitarlo a que entre a su corazón?

Conociendo más a Dios: El Señor está tocando a la puerta de tu corazón. Ábrele la puerta e invítalo a pasar para que viva para siempre en tu corazón, ¡y para que Él sea tu Señor!

JESUS ES CABALLERO Y RESPETUOSO.

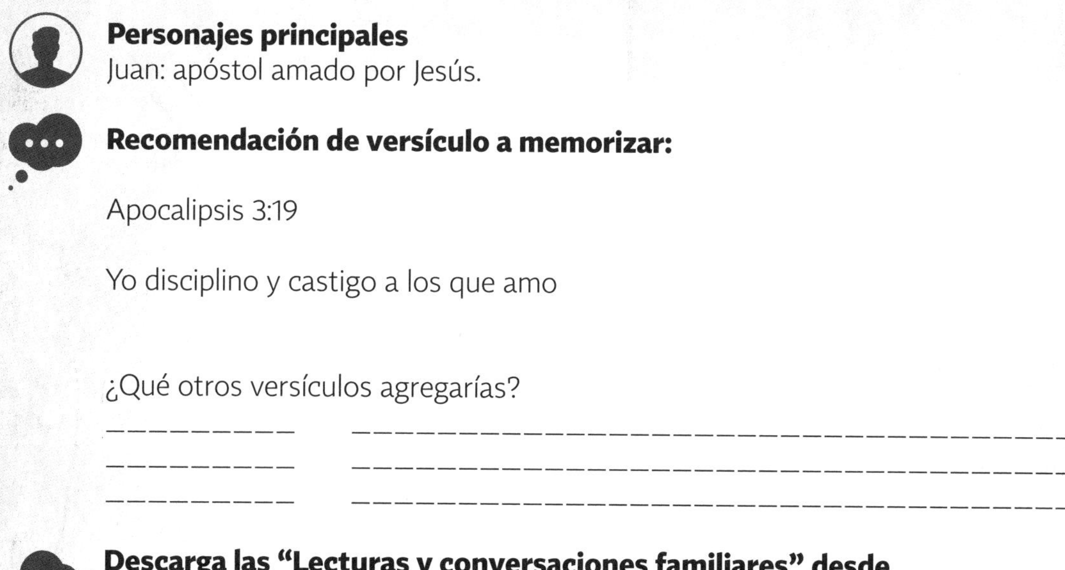

Personajes principales
Juan: apóstol amado por Jesús.

Recomendación de versículo a memorizar:

Apocalipsis 3:19

Yo disciplino y castigo a los que amo

¿Qué otros versículos agregarías?

Descarga las "Lecturas y conversaciones familiares" desde www.e625.com/lecciones

Lección 50 › APOCALIPSIS (segunda parte)

Capítulos del 6 al 22

Datos generales del libro
Libro del apóstol Juan; último libro de la Biblia que contiene muchos mensajes acerca del futuro.
Tiene 22 capítulos.

¿Quién lo escribió y qué época era?
Lo escribió el apóstol Juan entre los años 94 y 96 d.C.

Propósito del libro
Juan es llevado a tener una visión en donde ve lo que sucedía en el cielo; esto es lo que presenta en este libro. Describe el cielo y los acontecimientos futuros en la segunda venida del Señor Jesús.

Actividad de introducción
Construcción celestial
Utilizando Legos, plastilina o cartón construiremos una ciudad. En la ciudad debe haber un templo, debe haber calles, un río, casas y mucha gente adorando. Nos distribuiremos lo que hay que hacer entre todos y al final le vamos a tomar una fotografía para recordar nuestra creación.

Conectemos: El apóstol Juan vio que en el cielo hay una nueva ciudad, nueva tierra y nuevos cielos. Va a ser muy, pero muy bonita.

Conversación inicial:
¿Cómo se imaginan que será la ciudad celestial?

¿Qué aprendemos de Dios en este libro?

La Nueva Jerusalén - Apocalipsis 21

Juan describió que vio todo nuevo. Dice: "Entonces vi un nuevo cielo y una nueva tierra, porque la tierra, el mar y el cielo que conocemos desaparecieron. Y vi la ciudad santa, la nueva Jerusalén, descender del cielo, de donde estaba Dios. Tenía la apariencia gloriosa y bella de una novia".

Dice que esa ciudad nueva era hermosa, tenía mucho oro. No había un templo porque el Señor era el templo. No había ni sol, ni luna, porque el Señor alumbraba. Era hermosa, muy hermosa.

Pregunta para nosotros: ¿Cómo quieres que sea tu casa en el cielo?

Conociendo más a Dios: El Señor fue a preparar casas para nosotros y por lo que vio Juan, va a ser muy bonito todo. Mientras tanto, vivamos una vida para Jesús y cuando seamos viejos y vayamos al cielo podremos disfrutar la casa que Jesús fue a preparar para nosotros.

DIOS ES IMPRESIONANTE.

La batalla final - Apocalipsis 19

Después de una gran batalla contra el diablo, el Señor resulta victorioso y viene de nuevo en un caballo blanco por los cielos. Los ojos del jinete eran como llamas de fuego, de su boca salía una espada afilada.
La batalla fue impresionante y Jesús salió como vencedor. Servimos a un Dios poderoso que regresará por nosotros y su reino no tendrá fin.

Pregunta para nosotros: ¿Cómo te imaginas que será el regreso de Jesús por los cielos?

Conociendo más a Dios: El Señor prometió regresar y aquí estaremos esperándolo con el corazón emocionado por Él y amándonos entre nosotros. Jesús es el mismo ayer, hoy ¡y siempre!

JESUS VOLVERÁ.

Personajes principales
Juan: apóstol amado por Jesús.
Jesús: regresará por su pueblo.

Recomendación de versículo a memorizar:

Apocalipsis 22:13

Yo soy la A y la Z, el principio y el fin, el primero y el último.

¿Qué otros versículos agregarías?

__________ ____

__________ ____

__________ ____

Descarga las "Lecturas y conversaciones familiares" desde www.e625.com/lecciones

NOTAS

NOTAS

NOTAS

NOTAS

NOTAS

NOTAS

NOTAS

NOTAS

NOTAS

NOTAS

NOTAS

NOTAS

NOTAS

ALGUNAS PREGUNTAS QUE DEBES RESPONDER:

¿QUIÉN ESTÁ DETRÁS DE ESTE LIBRO?

Especialidades 625 es un equipo de pastores y siervos de distintos países, distintas denominaciones, distintos tamaños y estilos de iglesia que amamos a Cristo y a las nuevas generaciones.

¿DE QUÉ SE TRATA E625.COM?

Nuestra pasión es ayudar a las familias y a las iglesias en Iberoamérica a encontrar buenos materiales y recursos para el discipulado de las nuevas generaciones y por eso nuestra página web sirve a padres, pastores, maestros y líderes en general los 365 días del año a través de **www.e625.com** con recursos gratis.

¿QUÉ ES EL SERVICIO PREMIUM?

Además de reflexiones y materiales cortos gratis, tenemos un servicio de lecciones, series, investigaciones, libros online y recursos audiovisuales para facilitar tu tarea. Tu iglesia puede acceder con una suscripción mensual a este servicio por congregación que les permite a todos los líderes de una iglesia local, descargar materiales para compartir en equipo y hacer las copias necesarias que encuentren pertinentes para las distintas actividades de la congregación o sus familias.

¿PUEDO EQUIPARME CON USTEDES?

Sería un privilegio ayudarte y con ese objetivo existen nuestros eventos y nuestras posibilidades de educación formal. Visita **www.e625.com/Eventos** para enterarte de nuestros seminarios y convocatorias e ingresa a **www.institutoE625.com** para conocer los cursos online que ofrece el Instituto E 6.25

¿QUIERES ACTUALIZACIÓN CONTINUA?

Regístrate ya mismo a los updates de **e625.com** según sea tu arena de trabajo: Niños- Preadolescentes- Adolescentes- Jóvenes.

¡APRENDAMOS JUNTOS!

e6
25
.com